W0086088

Frohe Ostern

Frohe Ostern

Ein heiteres Frühlingslesebuch

benno

Wie sich das Galgenkind die Monatsnamen merkt

Jaguar
Zebra
Nerz
Mandrill
Maikäfer
Pony
Muli
Auerochs
Wespenbär
Locktauber
Robbenbär
Zehenbär

Christian Morgenstern

Inhalt

März

Und aus der Erde schauet nur
Alleine noch Schneeglöckchen;
So kalt, so kalt ist noch die Flur
Es friert im weißen Röckchen.

Theodor Storm

*E*in großer Teich war zugefroren

Ein großer Teich war zugefroren;
Die Fröschlein, in der Tiefe verloren,
Durften nicht ferner quaken noch springen,
Versprachen sich aber, im halben Traum:
Fänden sie nur da oben Raum,
Wie Nachtigallen wollten sie singen.
Der Tauwind kam, das Eis zerschmolz,
Nun ruderten sie und landeten stolz
Und saßen am Ufer weit und breit
Und quakten wie vor alter Zeit.

Johann Wolfgang von Goethe

Winter und Frühling

Der Winter spottete über den Frühling und schalt: »Sobald du dich sehen lässt, hat keiner mehr Ruhe: Wer seine Freude dran hat, läuft in die Wiesen und Haine, um Blüten und Blumen oder gar eine Rose zu pflücken und zu betrachten oder ins Haar zu tun; ein andrer besteigt ein Schiff und wagt sich aufs Meer, und wenn er Glück hat, kommt er zu den andern Menschen. Und keiner sorgt sich mehr um Winde oder Regenwetter. Ich aber gleiche einem selbstherrlichen Gebieter: Da darf keiner zum Himmel aufblicken, man muss voller Angst und Zittern die Nase ständig auf der Erde haben und manchmal ganze Tage in der Stube zubringen und noch zufrieden damit sein.«

»Darum sind auch die Menschen so froh, wenn sie dich loswerden«, versetzte der Frühling, »während sie bei mir schon den bloßen Namen schön finden, und es ist ja auch wahrhaftig der schönste aller Namen. Wenn ich nicht da bin, denken sie meiner, und wenn ich mich zeige, sind sie froh.«

Äsop

Nicht lange mehr ist Winter

1.
Nicht lan-ge mehr ist Win-ter, schon glänzt der

2.
Son-ne Schein, dann kehrt mit neu-en Lie-dern der

3.
Früh-ling bei uns ein. Im Fel-de singt die

4.
Ler-che, der Ku-ckuck ruft im Hain: „Ku-

ckuck, ku-ckuck", da wol-len wir uns freun!

*E*rste Frühlingsahnung

Rosa Wölkchen überm Wald
Wissen noch vom Abendrot dahinter –
Überwunden ist der Winter,
Frühling kommt nun bald.

Unterm Monde silberweiß,
Zwischen Wipfeln, schwarz und kraus,
Flügelt eine Fledermaus
Ihren ersten Kreis...

Rosa Wölkchen überm Wald
Wissen noch vom Abendrot dahinter –
überwunden ist der Winter,
Frühling kommt nun bald.

Christian Morgenstern

er Frühling hat sich eingestellt

Der Frühling hat sich eingestellt,
wohlan, wer will ihn sehn?
Der muss mit mir ins freie Feld,
ins grüne Feld nun gehn.

Er hält im Walde sich versteckt,
dass niemand ihn mehr sah;
ein Vöglein hat ihn aufgeweckt,
jetzt ist er wieder da.

Und allen hat er, groß und klein,
was Schönes mitgebracht,
und sollt's auch nur ein Sträußchen sein,
er hat an uns gedacht.

Drum frisch hinaus ins freie Feld,
ins grüne Feld hinaus!
Der Frühling hat sich eingestellt,
wer bliebe da zu Haus?

August Heinrich Hoffmann von Fallersleben

unte Nester

Inzwischen gingen Sommer und Herbst vorüber und der Winter kam. Er war in dieser rauhen Gegend sehr hart. Die kleinen Hütten im Tal lagen Monate lang im Schnee vergraben. Nur die rauchenden Kamine und zum Teil auch die Dächer schauten noch aus der weißen Hülle hervor. Von dem Hohlweg zwischen den Felsen herauf sah man gar nichts mehr. Die Mühle stand still und die Wasserfälle hingen starr und geräuschlos an den Felsen. Man konnte nur wenig zusammenkommen. Desto größer war die Freude, als der Schnee schmolz und es wieder Frühling wurde.

Die Kinder aus dem Tale kamen sogleich herauf und brachten den beiden fremden Kindern, Edmund und Blanda, die ersten blauen Veilchen und gelben Schlüsselblümchen, die sie im Tale finden konnten. Ja, sie flochten ihnen, sobald es mehrere dieser holden Frühlingsblümchen gab, die schönsten blauen und gelben Kränze. »Ich muß«, sagte da die edle Frau, »den guten Kindern doch auch eine Freude machen. Ich will ihnen auf den kommenden Ostertag ein kleines ländliches Kinderfest geben; denn es ist gar wichtig, daß man solche Festtage den Kindern, so gut man nur immer kann, zu Freudentagen macht. Aber was soll ich ihnen geben? Auf Weihnachten konnte ich sie mit Äpfeln und Nüssen beschenken, die ich für sie hatte bringen lassen. Aber zu dieser Jahreszeit hat man nichts im Hause, als etwa ein Ei. Noch bringt die Natur nichts hervor, was zu genießen wäre. Alle Bäume und Sträucher stehen ohne Früchte und Beeren. Eier sind die ersten Geschenke der wiederauflebenden Natur.«

»Aber«, sagte Martha, »wenn die Eier nur nicht so ganz ohne alle Farben wären! Weiβ ist wohl auch schön. Aber die verschiedenen Farben der Früchte und Beeren, zumal die roten Wangen der Äpfel, sind doch noch schöner.«

»Du bringst mich da auf einen Einfall«, sagte die Frau, »der nicht gar übel sein mag. Ich will die Eier hart sieden und sie, was sich während des Siedens leicht machen lässt, zugleich färben. Die bunten Farben bereiten den Kindern gewiβ groβe Freude.«

Die verständige Mutter kannte verschiedene Wurzeln und Moose, die man zum Färben brauchen kann. Sie färbte nun die Eier auf verschiedene Art. Einige wurden schön himmelblau, andere gelb wie Zitronen, andere so schön rot, wie das Innere der Rosen. Einige hatte sie mit zartgrünen Blättchen eingebunden, die sich dann auf den Eiern abbildeten und ihnen ein unvergleichlich schönes Aussehen gaben. Auf einige schrieb sie auch einen kleinen Reim. Dann schickte sie Martha hinab in das Tal und lieβ die Kinder, die mit Edmund und Blanda ungefähr gleichaltrig waren, auf den heiligen Ostertag zu einem kleinen Kinderfeste einladen.

Der Ostertag war dieses Mal ein überaus schöner Frühlingstag, ein wahrer Auferstehungtag der Natur. Die Sonne schien so schön und warm, der Himmel war so rein und blau, daβ es eine Lust war und alles neues Leben fühlte. Die Wiesen im Tale waren bereits schön grün und hie und da schon bunt von Blumen. Jedermann freute sich, und man sah überall nur fröhliche Gesichter.

Schon lange vor Anbruch der Morgenröte hatten die Frau und der alte Kuno sich auf den Weg zur Kirche gemacht, die über zwei Stunden weit entfernt jenseits der Berge lag. Edmund und Blanda muβten inzwischen unter Marthas Aufsicht zu Hause bleiben. Gegen Mittag kam die Frau mit Hilfe des Maultieres, das Kuno führte, wieder zurück; die übrigen Leute aber kamen mit ihren Kindern erst lange nach Mittag oder gar erst gegen Abend nach Hause.

Sobald die Frau angelangt war, eilten die eingeladenen Kinder voll Freude aus dem Tale herauf und versammelten sich vor der Haustüre der Frau. Da kam sie mit Edmund und Blanda heraus, grüßte die versammelten Kinder freundlich und führte sie zur Felsenwand, wo Kuno auf einem zierlich mit feinem Kiese bestreuten Grund einen großen länglich runden Tisch aufgestellt hatte. Der Tisch war mit einem farbigen Teppich belegt. Rasensitze von jungem, frischen Grün umgaben ihn. Die Kinder setzten sich rings um den Tisch und mitten unter ihnen Edmund und Blanda. Nun wurde eine große irdene Schüssel voll heißer Milch aufgetragen, darein Eier geschlagen waren. Jedes Kind hatte ein neues irdenes Schüsselchen vor sich stehen und bekam nun seinen Teil und ließ sich's trefflich schmecken. Hierauf führte die Frau die Kinder durch eine Seitentüre des Gartens in das kleine Tannenwäldchen, das an den Garten stieß und sagte ihnen, jeder solle aus Moos, mit dem die Felsen und Bäume umher reichlich bewachsen waren, ein kleines Nestchen machen. Sie gehorchten mit Freuden. Nun kehrte die Frau mit den Kindern wieder in den Garten zurück. Jedes bekam nun ein großes Stück Kuchen. Während aber die Kinder aßen, schlich Martha mit einem großen Korb voll gefärbter Eier heimlich in das Wäldchen und verteilte sie in die Nestchen, und die blauen, roten, gelben oder bunten Eier nahmen sich in dem zartgrünen Moos ungemein schön aus. Nicht weit weg davon aber machte ein Hase ein Männchen und sah ihr vergnügt zu, bis es davonhuschte.

Nachdem die Kinder genug gegessen hatten, sagte die Frau: »Nun kommt, jetzt wollen wir nach den Nestchen sehen!« In jedem lagen fünf gleichfarbige Eier, und auf einem derselben stand ein Reim. Was da die Kinder für ein Freudengeschrei erhoben! »Rote Eier! Rote Eier!« rief das eine, »in meinem Nestchen sind lauter rote Eier.« »Und in dem meinigen sind blaue«, rief ein anderes, »o alle so schön blau wie jetzt der Himmel.« – »Die meinigen sind gelb«, schrie ein drittes, »noch viel schöner gelb als die Schlüsselblümchen und der Schmetterling, der dort fliegt.« »Die meinigen«, rief das vierte, »haben gar alle Farben!« »O, das müssen wunderschöne Hühner sein«, rief ein kleiner Knabe, »weil sie so schöne Eier legen. Diese möchte ich einmal sehen!«

»Ei«, sagte Marthas Schwesterchen, »die Hennen legen freilich keine so schönen Eier. Ich glaube gar, das Häschen hat sie gelegt, das aus dem Wacholderbusche heraussprang und davonlief, als ich dort das Nestchen bauen wollte.« Und alle Kinder lachten zusammen und wußten nun, daß der Osterhase mit im Spiel war.

Christoph von Schmid

Der Frühling kommt bald

Herr Winter,
Geh hinter,
Der Frühling kommt bald!
Das Eis ist geschwommen,
Die Blümlein sind kommen
Und grün wird der Wald.

Herr Winter,
Geh hinter,
Dein Reich ist vorbei.
Die Vögelein alle,
Mit jubelndem Schalle,
Verkünden den Mai!

Christian Morgenstern

»Kuckuck«, ruft's aus dem Wald

"Ku-ckuck, Ku-ckuck", ruft's aus dem Wald.
Las-set uns sin-gen, tan-zen und sprin-gen!
Früh-ling, Früh-ling wird es nun bald.

2. Kuckuck, Kuckuck, läßt nicht sein Schrei'n:
Komm in die Felder, Wiesen und Wälder!
Frühling, Frühling, stelle dich ein!

3. Kuckuck, Kuckuck, trefflicher Held!
Was du gesungen, ist dir gelungen:
Winter, Winter, räumet das Feld.

August Heinrich Hoffmann von Fallersleben

Neue Erfindung

Hab' eine neue Erfindung gemacht, Andres, und soll Dir hier so warm mitgeteilt werden.

Du weißt, daß in jeder gut eingerichteten Haushaltung kein Festtag ungefeiert gelassen wird, und daß ein Hausvater zulangt, wenn er auf eine gute Art und mit einigem Schein des Rechtes einen neuen an sich bringen kann. So haben wir beide, außer den respektiven Geburts- und Namenstagen schon verschiedene andre Festtage an unsern Höfen eingeführt, als das Knospenfest, den Widderschein, den Maimorgen, den Grünzüngel, wenn die ersten jungen Erbsen und Bohnen gepflückt und zu Tisch gebracht werden sollen, und so weiter.

Nun ist wohl wahr, daß der Sommer und sonderlich das Frühjahr viel schön sind. Gleich wenn der erste Winterschnee auftauet und man den bloßen Leib der Erde wieder sieht, fängt diese Vielschönheit an, und geht mit immer größern Schritten fort, bis Blumen und Blätter aufgeblühet sind und der Mensch vor dem vollen Frühling steht, wie Gleims Kind vor einem schönen Blumenkorb. Und gewiß lehret uns der Frühling Gott und seine Güte sonderlich; denn, wie Freund Fritz sagt, was so zu Herzen geht, muß aus irgendeinem Herzen kommen. Und also sind die Frühlings- und Sommerfesttage gar sehr am rechten Ort, ich habe nichts dawider. Es ist mir aber doch immer schon vorgekommen, daß im Herbst und Winter auch was zu machen wäre, nur habe ich die Sache noch nie recht ins Klare bringen können. Gestern aber, wie das mit den Erfindungen ist: man findet sie nicht, sondern sie finden uns, gestern als ich im Garten gehe und an nichts weniger denke, schießen mir mit einmal zwei neue Festtage aufs Herz, der Herbstling und der Eiszäpfel, beide gar erfreulich und nützlich zu feiern …

Matthias Claudius

Nun will der Lenz uns grüßen

Nun will der Lenz uns grü-ßen, von Mit-tag
aus al-len E-cken sprie-ßen die Blu-men

weht es lau; D'raus wob die brau-ne
rot und blau.

Hei-de sich ein Ge-wand gar fein und

lädt im Fest-tags-klei-de zum Mai-en-tan-ze ein.

Waldvöglein Lieder singen,
wie ihr sie nur begehrt;
drum auf zum frohen Singen,
die Reis' ist Goldes wert.
Hei, unter grünen Linden,
da leuchten weiße Kleid!
Heija, nun hat uns Kinden
ein End all Winterzeit.

Neidhardt von Reuenthal

21

rühlingslied des Rezensenten

Frühling ist's, ich lass es gelten,
Und mich freut's, ich muß gestehen,
Daß man kann spazierengehen,
Ohne just sich zu erkälten.

Störche kommen an und Schwalben,
Nicht zu frühe, nicht zu frühe!
Blühe nur, mein Bäumchen, blühe!
Meinethalben, meinethalben!

Ja! ich fühl' ein wenig Wonne,
Denn die Lerche singt erträglich,
Philomele nicht alltäglich,
Nicht so übel scheint die Sonne.

Daß es keinen überrasche,
Mich im grünen Feld zu sehen!
Nicht verschmäh' ich auszugehen,
Kleistens »Frühling« in der Tasche.

Ludwig Uhland

Frühlingslied

Zu des Mädchens Wiegenfeste
Und als das Kind geboren ward,
Von dem ich heute singe,
Der Winter schüttelte den Bart:
»Was sind mir das für Dinge!
Wie kommt dies Frühlingsblümelein
In mein bereiftes Haus hinein?
Potz Wunder über Wunder!«

Doch klingeling! Ringsum im Kreis
Bewegt' sich's im geheimen;
Schneeglöckchen hob das Köpfchen weiß,
Maiblümchen stand im Keimen;
Und durch die Lüfte Tag für Tag,
Da ging ein süßer Lerchenschlag
Weit über Feld und Auen.

Herr Winter! greif Er nur zum Stab!
Das sind gar schlimme Dinge:
Sein weißes Kleid wird gar zu knapp,
Sein Ansehn zu geringe! –
Wie übern Berg die Lüfte wehn,
Da merk ich, was das Blümlein schön
Uns Liebliches bedeute.

Theodor Storm

23

Der Frühling war gekommen

Der Frühling war gekommen; schon lagen viele Frühpflanzen, nachdem sie flüchtige schöne Tage hindurch mit ihren Blüten der Menschen Auge vergnügt, nun in stiller Vergessenheit dem stillen Berufe ihres Reifens, der verborgenen Vorbereitung zu ihrer Fortpflanzung ob. Schlüsselblümchen und Veilchen waren spurlos unter dem erstarkten Grase verschwunden, niemand beachtete ihre kleinen Früchtchen. Hingegen breiteten sich Anemonen und die blauen Sterne des Immergrün zahllos aus um die lichten Stämme junger Birken, am Eingange der Gehölze, die Lenzsonne durchschaute und überschien die Räumlichkeiten zwischen den Bäumen, vergoldete den bunten Waldboden; denn noch sah es hell und geräumig aus, wie in dem Hause eines Gelehrten, dessen Liebste dasselbe in Ordnung gebracht und aufgeputzt hat, ehe er von einer Reise zurückkommt und bald alles in die alte tolle Verwirrung versetzt. Bescheiden und abgemessen nahm das zartgrüne Laubwerk seinen Platz und ließ kaum ahnen, welche Gewalt und Herrlichkeit in ihm harrte. Die Blättchen saßen symmetrisch und zierlich an den Zweigen, zählbar, ein wenig steif, wie von der Putzmacherin angeordnet, die Einkerbungen und Fältchen noch höchst exakt und sauber, wie in Papier geschnitten und gepreßt, die Stiele und Zweigelchen rötlich lackiert, alles äußerst aufgedonnert. Frohe Lüfte wehten, am Himmel kräuselten sich glänzende Wolken, es kräuselte sich das junge Gras an den Rainen, die Wolle auf dem Rücken der Lämmer, überall bewegte es sich leise mutwillig, die losen Flocken im Genicke der jungen Mädchen kräuselten sich, wenn sie in der Frühlingsluft gingen, es kräuselte sich in meinem Herzen. Ich lief über alle Höhen und blies an einsamen, schön gelegenen Stellen stundenlang auf einer alten großen Flöte, welche ich seit einem Jahre besaß. Nachdem ich die ersten Griffe einem musikalischen Schuhmachergesellen abgelernt, war an weiteren Unterricht nicht zu denken, und die ehemaligen Schulübungen waren längst in ein tiefes Meer der dunkelsten Vergessenheit geraten. Darum bildete sich, da ich doch bis zum Übermaß anhaltend spielte, eine wildgewachsene Fertigkeit aus, welche sich in den wunderlichsten Trillern, Läufen und Kadenzen erging. Ich konnte ebenso fertig blasen, was ich mit dem Munde pfeifen oder aus dem Kopfe singen konnte, aber nur in der härteren Tonart, die weichere hatte ich allerdings empfunden und wußte sie auch hervorzubringen, aber dann mußte ich langsam und vorsichtiger spielen, so daß diese Stellen gar melancholisch und vielfach gebrochen sich zwischen den übrigen Lärm verflochten. Musikkundige, welche in entfernterer Nachbarschaft mein Spiel hörten, hielten dasselbe für etwas Rechtes, belobten mich und luden mich ein, an ihren Unterhaltungen teilzunehmen. Als ich mich aber mit meiner mächtigen braunen Röhre einfand, deren Klappe einer messingenen Türklinke glich, und verlegen und mit bösem Gewissen die Ebenholzinstrumente mit einer Unzahl silberner Schlüssel, die stattlichen Notenblätter sah, bedeckt von Hieroglyphen, da stellte es sich heraus, daß ich rein zu gar nichts zu gebrauchen, und die Nachbarn schüttelten verwundert die Köpfe. Desto eifriger erfüllte ich nun die freie Luft mit meinem Flötenspiel, welches dem schmetternden und doch monotonen Gesange eines großen Vogels gleichen mochte, und empfand, unter stillen Waldsäumen liegend, innig das schäferliche Vergnügen des siebzehnten Jahrhunderts, und zwar ohne Absicht und Gemachtheit.

Um diese Zeit hörte ich ein flüchtiges Wort, Anna sei in ihre Heimat zurückgekehrt. Ich hatte sie nun seit zwei Jahren nicht gesehen, wir beide gingen unserem sechzehnten Geburtstage entgegen. Sogleich rüstete ich mich zur Übersiedlung nach dem Dorfe und machte mich eines Sonnabends wohlgemut auf die geliebten Wege. Meine Stimme war gebrochen und ich sang, dieselbe mißbrauchend, mich müd durch die hallenden Wälder. Dann hielt ich inne, und die seit kurzem genommeneTiefe meiner Töne bedenkend, dachte ich an Annas Stimme und suchte mir einzubilden, welchen Klang sie nun haben möge. Darauf bedachte ich ihre Größe, und da ich selbst in der Zeit rasch gewachsen, so konnte ich mich eines kleinen Schauers nicht erwehren, wenn ich mir die Gestalt sechzehnjähriger Mädchen unserer Stadt vorstellte. Dazwischen schwebte mir immer das halbkindliche Bild am See oder auf jenem Grabe vor, mit seiner Halskrause, seinen Goldzöpfen und freundlich unschuldigen Augen. Dies Bild verscheuchte einigermaßen die Unsicherheit und Zaghaftigkeit, welche sich meiner bemächtigen wollten, daß ich getrost fürbaß schritt und das Haus meines Oheims in alter Ordnung und lauter Fröhlichkeit fand.

Doch nur die älteren Personen waren sich eigentlich ganz gleich geblieben, das junge Volk ließ einen etwas veränderten Ton in Scherz und Reden merklich werden. Als nach dem Nachtessen sich die Älteren zurückgezogen und einige junge ledige Dorfbewohner beiderlei Geschlechtes dafür ankamen, um noch einige Stunden zu plaudern, bemerkte ich, daß die Gegenstände der Liebe und der geschlechtlichen Verhältnisse nun ausschließlicher und ausgeprägter der Stoff der neckischen Gespräche geworden, aber so, daß die Jünglinge mit gleichgültig verwegener und etwas spöttischer Galanterie den Schein tiefer Empfindung zu verhüllen, die Mädchen eine große Sprödigkeit, Männerverachtung und jungfräuliche Selbstzufriedenheit an den Tag zu legen bemüht schienen, und an der Art und Weise, wie die sich kreuzenden Scherze und Angriffe hier reizten, dort scheinbar verletzten, war nicht zu verkennen, daß hier die Kristallelemente zusammenzuschießen auf dem Punkte waren.

Ich war anfangs still und suchte mich in den wort- und witzreichen Scharmützeln zurechtszufinden; die Mädchen betrachteten mich als einen anspruchslosen Neutralen und schienen einen frommen und bescheidenen Knappen an mir gewinnen zu wollen. Doch unversehens nahm ich, das Scheingefecht für vollen Ernst haltend, die Partei meines Geschlechts. Die vermeintliche Bedürfnislosigkeit und stolze Selbstverklärung der Schönen schien mir gefährlich und beleidigend und entsprach nicht im mindesten meinen Gefühlen. Aber leider setzte ich, anstatt mich der praktischeren und beliebteren Waffen meiner Genossen zu bedienen, knabenhafter und ungalanterweise den Mädchen ihre eigene Kriegführung entgegen. Der trotzige Stoizismus, welchen ich gegen das jungfräuliche Selbstgenügen aufwandte, warf mich um so schneller in eine isolierte und gefährliche Stellung, als ich in meiner Einfalt augenblicklich selber daran glaubte und mit heftigem Ernste verfuhr. Ich vereinigte sogleich alle Pfeile des Spottes auf mich, als ein nicht zu duldender Aufrührer; die männlichen Teilnehmer ließen mich auch im Stich oder hetzten mich fälschlicherweise auf, um bei den erzürnten Mädchen desto besser ihre Rechnung zu finden, worüber ich wieder verdrießlich und eifersüchtig ward, und es ärgerte mich gewaltig, wenn ich bemerkte, wie mitten im Kriege die verständnisvollen Blicke häufiger fielen und der schöne Feind seine Hände den Burschen immer anhaltender und williger überließ. Kurz, als die Gesellschaft auseinander ging und ich die Treppe hinanstieg als ein erklärter Weiberfeind, verfolgten mich die drei Basen, jede ihr Nachtlämpchen tragend, spottend bis vor die Tür meines Schlafzimmers. Dort wandte ich mich um und rief: »Geht, ihr törichten Jungfrauen mit euren Lampen! Obgleich jede nur zu bald ihren irdischen Bräutigam haben wird, fürchte ich doch, das Öl eurer Geduld reiche nicht aus für die kürzeste Frist; löscht eure Lichter und schämt euch im Dunkeln, so spart ihr das bißchen Öl, ihr verliebten Dinger!«

Eine Magd trug gerade ein Becken mit Wasser hinein; sie tauchten ihre Finger in das Wasser und spritzten mir dasselbe ins Gesicht, während sie mit ihren brennenden Lämpchen mir um Haar und Nase herumzündeten und mich hart bedrängten. »Mit Feuer und Wasser«, sagten sie, »taufen wir dich zu ewigem Frauenhasse! Nie soll eine wünschen, diesen Haß schwinden zu sehen, und das Licht der Liebe soll dir für immer erlöschen! Schlafen Sie recht wohl, gestrenger Herr, und träumen Sie von keinem Mädchen!« Hiermit bliesen sie meine Kerze aus und huschten auseinander, daß ihre Lichtchen in dem dunklen Hause verschwanden und ich im Finstern stand. Ich tappte in das Zimmer, stieß an alle Gegenstände und streute in der Dunkelheit mißmutig meine Kleider auf dem Boden umher. Und als ich endlich das Kopfende des Bettes gefunden und mich rasch unter die Decke schwingen wollte, fuhr ich mit den Füßen in einen verwünschten Sack, daß ich sie nicht ausstrecken konnte, sondern in meiner gewaltsamen Bewegung auf das unangenehmste gehemmt und zusammengebogen wurde. Die Leintücher waren, infolge einer ländlich-sittlichen Neckerei, so künstlich ineinander geschürzt und gefaltet, daß es allen

meinen ungeduldigen Bemühungen nicht gelang, sie zu ent-
wirren, und ich mußte mich in der unbequemsten und
lächerlichsten Lage von der Welt zum Schlafe zusammen-
kauern. Allein dieser wollte trotz meiner Müdigkeit sich
nicht einfinden; ein ärgerliches und beschämendes Gefühl,
daß ich mich in eine schiefe Stellung geworfen, die Besorg-
nis, wie Anna sich zu all diesem verhalten würde, und das
verhexte Bett ließen mich die Augen nur auf Augenblicke
schließen, wo dann die unruhigsten Traumbilder mich verfolgten. Die Nacht im Tale war unruhig und geräuschvoll,
denn es war diejenige des Sonnabends auf den Sonntag, in
welcher die ledigen Burschen bis zum Morgen zu schwär-
men und ihren Liebeswegen nachzugehen pflegen. Ein Teil
derselben durchzog in Haufen singend und jauchzend die
nächtliche Gegend, bald fern, bald nah laut werdend; ein
anderer Teil schlich einzeln um die Wohnungen her, mit ver-
haltner Stimme Mädchennamen rufend, Leitern anlegend,
Steinchen an Fensterläden werfend. Ich stand auf und öffnete das Fenster; balsamische Mailuft strömte mir entgegen,
die Sterne zwinkerten verliebt hernieder, ein Kätzchen duck-
te sich um die eine Hausecke, um die andere bog ein
schlanker Schatten mit einer langen Leiter und lehnte sie an
das Haus, drei oder vier Fenster von mir. Rüstig klomm er
die Sprossen entlang und rief halblaut den Namen der
ältesten Base, worauf das Fenster leise aufging und ein trau-
liches Geflüster begann, von einem Geräusche unterbro-
chen, welches von demjenigen feuriger Küsse nicht im mindesten zu unterscheiden war. ›Oho!‹ dachte ich, ›das sind
feine Geschichten!‹ und indem ich so dachte, sah ich einen
anderen Schatten aus dem Fenster der mittleren Base, welche eine Treppe tiefer schlief, sich auf den Ast eines nahen
Baumes schwingen und flink zur Erde gleiten; kaum war er

aber fünfzig Schritte entfernt, so brach er, den fernen Nacht-
schwärmern antwortend, in ein mörderliches Jauchzen aus,
welches weithin widerhallte.

Mit sehr gemischten Gefühlen machte ich vorsichtig das
Fenster zu und suchte in meinem boshaften Leinwandlaby-
rinth Mädchen, Liebe, Mainacht und Verdruß zu vergessen …

Gottfried Keller

Der Winter ist vergangen

Der Win-ter ist ver-gan-gen, ich seh des
ich seh die Blüm-lein pran-gen, des ist mein

Mai-en Schein, So fern in je-nem
Herz er - freut!

Ta-le, da ist gar lus-tig sein, da singt Frau

Nach-ti - gal-le und manch Wald-vö-ge-lein.

2. Ich geh, ein' Mai zu hauen
hin durch das grüne Gras,
schenk meinem Buhl'n die Treue,
die mir die Liebste was,
und bitt', dass sie mag kommen
all an dem Fenster stahn,
empfangen den Mai mit Blumen,
er ist gar wohlgetan.

3. Und als die Säuberliche
seine Rede hätt' gehört,
da stand sie traurigliche,
indes sprach sie die Wort;
Ich habe den Mai empfangen
mit großer Würdigkeit!
Er küsst sie an die Wangen,
war das nicht Ehrbarkeit?

4. Er nahm sie sonder Trauern
in seine Arme blank.
Der Wächter auf der Mauren
hub an ein Lied und sang:
Ist jemand noch darinnen,
der mag bald heimwärts gahn!
Ich seh den Tag her dringen
schon durch die Wolken klar.

5. Ach, Wächter auf der Mauren,
wie quälst du mich so hart!
Ich lieg in schwerem Trauren,
mein Herze leidet Schmerz:
Das macht die Allerliebste,

von der ich scheiden muss;
das klag ich Gott dem Herren,
dass ich sielassen muss.

6. Adieu, mein' Allerliebste,
adieu, schön Blümlein fein,
adieu, schön Rosenblume!
Es muss geschieden sein.
Bis dass ich wiederkomme
bleibst du die Liebste mein;
das Herz in meinem Leibe
gehört ja allzeit dein!

Volksweise aus dem 16. Jahrhundert

*F*rühfrühlingsplätze

Es gibt Felder-, Wiesen- und Waldstellen, an denen es früher Frühling wird als sonst in der Landschaft, Plätze, die
nach Norden hin von einer Waldwand oder einem Hügel
geschützt und nach Süden offen liegen. Die Wärme, besonders die Wärme der Mittagssonne, lagert dort eine Weile
und hält eine ›besinnliche Viertelstunde‹ ab, ehe sie auf-
steigt, um sich mit dem eisgekühlten Wind zu mischen und
an der allgemeinen Erwärmung der Luft teilzunehmen.

An diesen Plätzen taut der Schnee früher als in den Felder- und Wälderweiten, und man hat es gemütlich wie in einer Stube, wenn man dort verweilt. Das Schmelzwasser sickert in die Erde, und die Erde beginnt zu duften, und im grauen Grasfell der Hänge werden die ersten Grünhaare sichtbar. Die Heidlerchen steigen auf, singen zwei, drei Probestrophen und fallen nach kurzem Aufflug in die kälteren Höhen wieder im gebräunten Heidekraut ein.

Eine solche Frühlingsstelle ist zum Beispiel ein verlandender See in einem geschützten Wiesental in der Nähe unseres Vorwerks. Die Fischer und die Angler mögen diesen See nicht, aber die Hechte bevorzugen ihn, vielleicht, weil die Fischer und die Angler ihn nicht schätzen, und das ist zu verstehen, denn es ist nur der Rest eines Sees inmitten eines großen Sumpfes, und der Sumpf hinwiederum ist ein verwandelter See, der vom Menschen nur eine andere Bezeichnung erhielt, oder er ist das Auge eines großen Sumpfes, das, wie man schon weiß, sich nach Jahrhunderten schließen wird. Mit seinem Geschling zerreißt er die Netze der Fischer, und er reißt den Anglern die Haken von den Sehnen der Ruten. Er verdaut alles, oder er ist der Safe, dem viele Menschengenerationen ihre Geheimsachen anvertrauten, ein Safe, der erst nach Jahrtausenden hergeben wird, was man ihm anvertraute: Goldschätze, Leichen schwedischer Krieger, Zeugnisse unglücklicher Liebe, Zeugnisse menschlicher Plagen, Munition in Kisten, ,Panzerfäuste' und wer weiß was alles.

Nach Norden zu begrenzt diesen See ein Hügel, der einen Hochwald trägt. Sein unstetes Ufer ist von Mauern verkrüppelter Weiden, verzwergter Birken und buschiger Föhren umgeben. Die Vorfrühlingssonne schleudert ihre Wärme auf diesen Sumpf, und auf dem See schmilzt das Eis früher als auf allen anderen Seen in den Wäldern. Die Erlzweige färben sich bläulichrot, und die Haarzweige der Birken schimmern violett, während die Nester der Reiher und der Raubvögel noch unberührt und starr wie Reisigbündel in den Kiefernkronen liegen.

Brandgänse, die sich auf ihrer Nordfahrt verfrühten, benutzen den See als willkommene Zwischenherberge, und die ersten Falter, die auf den Hausböden des Vorwerks ausschlüpften, flattern diesem Flecken Südland zu, als hätten sie zuverlässige Nachrichten erhalten, und vielleicht haben sie das auch, und wir wissen nur noch nicht wie. Die etwas winterkümmerlichen Tagpfauenaugen nippen am Nektar des Huflattichs, und sie sterben am Abend unvermehrt, und sie sterben in dem kleinen Schmetterlingsglauben, daß es die Sonne war und ein Frühfrühlingstag, den sie erleben sollten, und daß es die Wärme und das Licht eines Tages war, das sie drang, über diese Erde zu fliegen, und daß sie das Raupenleben hinter sich ließen und Schmetterlinge wurden, um das Gefühl des eigenmächtigen Fliegens kennenzulernen.

Hierher kommen auch die Kiebitze, die sich zu zeitig in ihre Sommerheimat wagten. Ihr Flug ist so bar aller gerader Linien, ist so taumelig wie der Schmetterlingsflug, und wenn sie waagerecht fliegen, diese befiederten Schmetterlinge, wie es sich für Vögel ihrer Größe gehört, ist ihr Flügelschlag gewellt, und sie fliegen auf der Seite, besser gesagt, auf einem Flügel liegend, und sie quieken und sie kollern dabei und fahren aufeinander los. Die Männchen kämpfen miteinander, und die Weibchen necken einander, und sie sind Drüsenflieger, die nicht wissen, was der Frühling von ihnen will. Jahrsüber liegen die Frühfrühlingsstellen unauffällig in der Landschaft, und niemand kennt sie, denn ihre hohe Zeit ist der Winterausgang.

Wenn der allgemeine Frühling in unserem Gebiet zu lange auf sich warten läßt, reite ich von Frühfrühlings- zu Frühfrühlingsstelle und fertige mir einen kleinen Sonderfrühling an, einen Frühfrühlingsvorschuß, um meine Stimmung anzuheben: »Das Gras wächst, bildet Zelle an Zelle, / Schneeglöckchen stehn im Hochzeitswind ...«, und jene Frühlingsvorplätze erscheinen mir wie Quellen, aus denen der eigentliche Frühling hervorsprudelt. Die Quellgebiete vergrößern sich von Tag zu Tag, und eines Tages vereinigen sie sich miteinander, und der Frühling überflutet das ganze Land.

Erwin Strittmatter

Besagter Lenz ist da

Es ist es schon so. Der Frühling kommt in Gang.
Die Bäume räkeln sich. Die Fenster staunen.
Die Luft ist weich, als wäre sie aus Daunen.
Und alles andre ist nicht von Belang.

Nun brauchen alle Hunde eine Braut.
Und Pony Hütchen sagte mir, sie fände:
die Sonne habe kleine, warme Hände
und krabble ihr mit diesen auf der Haut.

Die Hausmannsleute stehen stolz vorm Haus.
Man sitzt schon wieder auf Caféterrassen
und friert nicht mehr und kann sich sehen lassen.
Wer kleine Kinder hat, der fährt sie aus.

Sehr viele Fräuleins haben schwache Knie.
Und in den Adern rollt's wie süße Sahne.
Am Himmel tanzen blanke Aeroplane.
Man ist vergnügt dabei. Und weiß nicht wie.

Man sollte wieder mal spazierengehn.
Das Blau und Grün und Rot war ganz verblichen.
Der Lenz ist da! Die Welt wird frisch gestrichen!
Die Menschen lächeln, bis sie sich verstehn.

Die Seelen laufen Stelzen durch die Stadt.
Auf dem Balkon stehn Männer ohne Westen
und säen Kresse in die Blumenkästen.
Wohl dem, der solche Blumenkästen hat!

Die Gärten sind nur noch zum Scheine kahl.
Sie Sonne heizt und nimmt am Winter Rache.
Es ist zwar jedes Jahr dieselbe Sache,
doch es ist immer wie zum erstenmal.

Erich Kästner

Frühlingsgedanken

In jedem Frühling trägt unser Geist, wie der Winzer, frische Erde auf den ausgewaschenen Weinberg der künftigen Lese, und die ganze Unendlichkeit unserer Brust wird von dieser warmen brütenden Aprilsonne mit tausend Knospen von Planen, Reisen und Hoffnungen heraus gelockt. –
Wenn der reiche Frühling sich vor mir die Ebenen hinablagert und Wälder und Schmetterlinge und Blumen auf dem Schoße hält – und wenn es überall rauschet wie von einem herabkommenden unendlichen Leben – und wenn die Wasserwerke und Getriebe der Schöpfung wie in einem Bergwerk donnernd auf und nieder steigen – und wenn das weite wogende Leben sich nach Jugend und Ferne und nach Süden drängt, wie die Polarmeere nach dem heißen Erdgürtel: so führen die Wogen das Menschenherz mit sich fort und es will in die Ferne und in die Zukunft, und ich blicke schmachtend nach den fernen dunklen Bergen, gleichsam wie nach den Jahren, die in der Zukunft ruhen - - - aber dann ruft plötzlich etwas mir zu: erwache, nimm Abschied von der Zukunft und liebe die Gegenwart!

Jean Paul

Spatz und Schwalben

Es grünte allenthalben.
Der Frühling wurde wach.
Bald flogen auch die Schwalben
Hell zwitschernd um das Dach.

Sie sangen unermüdlich
Und bauten außerdem
Am Giebel, rund und niedlich
Ihr Nest aus feuchtem Lehm.

Und als sie eine Woche
Sich redlich abgequält,
Hat nur am Eingangsloche
Ein Stückchen noch gefehlt.

Da nahm der Spatz, der Schlingel,
Die Wohnung in Besitz.
Jetzt hängt ein Strohgeklüngel
Hervor aus ihrem Schlitz.

Nicht schön ist dies Gebaren
Und wenig ehrenwert
Von einem, der seit Jahren
Mit Menschen viel verkehrt.

Wilhelm Busch

Wem Gott will rechte Gunst erweisen

Wem Gott will rech-te Gunst er - wei-sen, den schickt er in die wei - te Welt, dem will er sei - ne Wun - der wei - sen in Berg und Tal und Strom und Feld.

2. Die Bächlein von den Bergen springen,
die Lerchen schwirren hoch vor Lust;
was sollt' ich nicht mit ihnen singen
aus voller Kehl' und frischer Brust?

3. Den lieben Gott laß ich nur walten;
der Bächlein, Lerchen, Wald und Feld
und Erd und Himmel will erhalten,
hat auch mein Sach' aufs best' bestellt.

T.: Joseph Eichendorff
M.: Theodor Fröhlich

Humanistisches Frühlingslied

Amsel, Drossel, Star und Fink
singen Lieder vom Frühlink,
machen recht viel Federlesens
von der Gegenwart, dem *Präsens*.

Krokus, Maiglöckchen und Kressen
haben längst den Schnee vergessen,
auch das winzigste Insekt
denkt nicht mehr ans *Imperfekt*.

Hase, Hering, Frosch und Lachs,
Elke, Inge, Fritz und Max - - -
alles, alles freut sich nur
an dem Jetzt. Und aufs *Futur*.

Heinz Erhardt

O sanfter süßer Hauch

O sanf-ter, sü - ßer Hauch! O sanf-ter,

sü - ßer Hauch! Schon we-ckest du wie-der mir

Früh-lings-lie-der. Bald, bald, bald blü-hen die

Veil - - chen auch; bald blü-hen die Veil-chen

auch. O sanf-ter, sü-ßer Hauch! O sanf-ter,

sü - ßer Hauch! Schon we-ckest du wie-der mir

Früh-lings-lie-der. Bald, bald, bald blü-hen die

Veil - chen auch; bald blü-hen die Veil - chen

auch; die Veil-chen auch; bald, bald!

M.: Friedrich Silcher, T.: Ludwig Uhland

42

*H*eiterer Frühling

Am Bach, der durch das gelbe Brachfeld fließt,
Zieht noch das dürre Rohr vom vorigen Jahr.
Durchs Graue gleiten Klänge wunderbar,
Vorüberweht ein Hauch von warmem Mist.

An Weiden baumeln Kätzchen sacht im Wind,
Sein traurig Lied singt träumend ein Soldat.
Ein Wiesenstreifen saust verweht und matt,
Ein Kind steht in Konturen weich und lind.

Die Birken dort, der schwarze Dornenstrauch,
Auch fliehn im Rauch Gestalten aufgelöst.
Hell Grünes blüht und anderes verwest
Und Kröten schliefen durch den grünen Lauch.

Dich lieb ich treu, du derbe Wäscherin.
Noch trägt die Flut des Himmels goldene Last.
Ein Fischlein blitzt vorüber und verblaßt;
Ein wächsern Antlitz fließt durch Erlen hin.

In Gärten sinken Glocken lang und leis,
Ein kleiner Vogel trällert wie verrückt.
Das sanfte Korn schwillt leise und verzückt
Und Bienen sammeln noch mit ernstem Fleiß.

Komm Liebe nun zum müden Arbeitsmann!
In seine Hütte fällt ein lauer Strahl.
Der Wald strömt durch den Abend herb und fahl
Und Knospen knistern heiter dann und wann.

Georg Trakl

Heiliger Frühling

»Unser Herrgott hat sonderbare Kostgänger.« Das war das Lieblingswort des Studenten Vinzenz Viktor Karsky, und er wandte es in passenden und unpassenden Augenblicken stets mit einer gewissen Überlegenheit an, vielleicht weil er sich selbst im Stillen zu dieser Sorte rechnen mochte. Seine Genossen nannten ihn längst einen sonderbaren Kauz; sie schätzten seine Herzlichkeit, die oft an Sentimentalität grenzte, freuten sich an seinem Frohsinn, ließen ihn einsam, wenn er traurig war, und duldeten seine ›Überlegenheit‹ mit gutmütigem Vergeben.

Diese Überlegenheit Vinzenz Viktor Karskys bestand darin, daß er für alles, was er tat oder unterließ, einen glänzenden Namen fand und, ohne zu prahlen, mit einer gewissen gereiften Sicherheit Tat auf Tat legte, wie einer, der aus tadellosen Steinen eine Mauer baut, die für alle Ewigkeit stehen soll.

Nach einem guten Frühstück sprach er gerne über Literatur, wobei er niemals tadelte oder verwarf, sondern nur die ihm angenehmen Bücher einer mehr oder minder innigen Anerkennung würdigte. Das klang dann wie eine allerhöchste Sanktion. Bücher, die ihm schlecht schienen, pflegte er überhaupt nicht zu Ende zu lesen, sagte aber dann auch kein Wort darüber, selbst wenn andere des Lobes voll waren. Sonst hielt er sich gegen die Freunde nicht zurück, erzählte alle seine Erlebnisse, auch die intimer Art, mit liebenswürdigem Freimut und ließ es über sich ergehen, daß sie fragten, ob er nicht wieder versucht hätte, ein Proletarierkind ›zu sich emporzuheben‹. Man erzählte sich nämlich, daß Vinzenz Viktor Karsky bisweilen solche Versuche unternehme. Dabei mochten ihm seine tiefen blauen Augen und seine einschmeichelnde Stimme wohl zu gar manchem Erfolge verhelfen. Immerhin schien er die Zahl dieser Erfolge rastlos mehren zu wollen und bekehrte mit dem Eifer eines Religionsstifters eine Unzahl kleiner Mädchen zu seiner Glückseligkeitstheorie. Am Abend begegnete ihm ab und zu einer der Genossen, wenn er, eine blonde oder braune Gefährtin leicht unter dem Arm führend, seines Lehramts waltete. Und die Kleine lachte dann gewöhnlich mit dem ganzen Gesicht, Karsky aber machte eine so wichtige Miene, als wollte er sagen: »Unermüdlich im Dienste der Menschheit.« Kam aber mal einer und erzählte, daß der oder jener »hängen geblieben« wäre und nun in die nette Sippschaft hinein heiraten müsse, wippte der erfolggekrönte Wanderlehrer seine breiten, slawisch-eckigen Schultern und sagte fast verächtlich: »Ja, ja, – der Herrgott hat sonderbare Kostgänger.«

Das Sonderbarste an Vinzenz Viktor Karsky aber war, daß es

etwas in seinem Leben gab, wovon keiner seiner nächsten Freunde wußte. Er verschwieg es gleichsam vor sich selbst; denn er hatte keinen Namen dafür; und doch dachte er daran, sommers, wenn er einsam auf weißem Weg in einen Sonnenuntergang ging, oder wenn der Winterwind sich in den Kamin seiner stillen Stube bohrte und die Kerntruppen der Schneeflocken gegen das verklebte Fenster Sturm liefen, oder im dämmerigen Kneipstübchen sogar mitten im Freundeskreis. Dann blieb das Glas unberührt vor ihm stehen; er schaute wie geblendet vor sich hin, als blicke er in ein fernes Feuer, und seine weißen Hände falteten sich unwillkürlich, als wäre ihm ein Beten gekommen – ganz von ungefähr, wie einem das Lachen oder das Gähnen kommt.

Wenn der Frühling in eine kleine Stadt einzieht, so gibt das ein Fest. Wie die Knospen aus enger Haft, drängen goldköpfige Kinder aus der winterschwülen Stube und wirbeln ins Land hinaus, als trüge sie der flatternde laue Wind, der ihnen Haare und Röckchen zerrt und ihnen die ersten Kirschenblüten in den Schoß wirft. Und wie sie nach langer Krankheit ein altes, langvermißtes Spielzeug bejubeln würden, erkennen sie selig alles wieder und begrüßen jeden Baum, jeden Busch und lassen sich vom jauchzenden Bache erzählen, was er all die Zeit getrieben. Und was für eine Wonne ist das, durch das erste grüne Gras laufen, das zage und zart die nackten Füßchen kitzelt, dem ersten Weißling nachhüpfen, der in ratlos großen Bogen über den kargen Holunderbüschen sich verliert ins endlose, blasse Blau hinein. – Überall regt sich Leben. Unterm Dach, auf den rotleuchtenden Telegraphendrähten und sogar hoch auf dem Kirchturm, hart neben der brummigen, alten Glocke, ist Schwalben-Stelldichein. Die Kinder schauen mit großen Augen, wie die Wandervögel die alten lieben Nester finden, und der Vater zieht den Rosenstöcken den Strohmantel und die Mutter den ungeduldigen Kleinen die warmen Flanellhöschen aus.

Auch die Alten kommen mit scheuem Schritt über die Schwelle, reiben sich die faltigen Hände und blinzeln ins flutende Licht hinaus, und nennen sich ›Alterchen‹ und wollens nicht zeigen, daß sie glücklich und gerührt sind. Aber ihre Augen gehen über, und sie danken beide im Herzen: Noch einen Frühling.

An solch einem Tag ohne eine Blume in der Hand auszugehen, ist Sünde, dachte der Student Karsky. Und deshalb schwenkte er einen duftenden Zweig in der Rechten, als müßte er dem Frühling Reklame machen. Leichtschrittig und schnell, wie um früher dem dumpfig kühlen Atem der schwarz gähnenden Haustore zu entfliehen, ging er durch die alten, grauen Giebelgassen, winkte dem Wirt der Stammkneipe, der mit feistem Lächeln unter der breiten Einfahrt seines Gasthofs prahlte, und nickte den Kindern zu, die bei dem Schlag der Mittagsglocke aus der engen Schule wirbelten. Erst gings ganz sittsam zwei zu zwei, allein zwanzig Schritte von dem Schultor platzte der Schwarm in unzählige Teilchen auseinander, und der Student mußte an jene Raketen denken, die hoch im Blauen in lauter winzige Leuchtsterne und -kugeln aufgehen. Ein Lächeln auf den Lippen und ein Lied in der Seele, eilte er jenem äußersten Bezirke des Städtchens zu, wo teils behäbige, bäurisch aussehende Gehöfte, teils weiße Villenneubauten, von kleinen Gärtchen umrahmt, gar freundlich dreinschauten. Dort vor einem der letzten Häuser erfreuten ihn die hohen Laubengänge, über deren leichtgeschwungenem Gezweig schon ein grüner Hauch schimmerte, wie ein Ahnen künftiger Pracht. Am Eingang blühten zwei Kirschbäume, und das sah aus, als wäre eine Triumphpforte für den Frühling erbaut und als schrieben die blaßrosa Blüten ein leuchtendes Willkommen darüber.

Plötzlich schrak Karsky zusammen: Mitten in dem Blühen sah er zwei tiefblaue Augen, die mit ruhiger, schlürfender Seligkeit ins Weite träumten. Er gewahrte erst nur die beiden Augen, und ihm war, der Himmel selber schaute ihn durch die Blütenbäume an. – Er kam näher und staunte. Ein blasses, blondes Mädchen kauerte da auf dem mattfarbigen geblumten Lehnstuhl; ihre weißen Hände, die nach etwas Unsichtbarem zu greifen schienen, hoben sich hell und durchscheinend von der dunkelgrünen Decke ab, die Knie und Füße umschloß. Die Lippen waren zartrot wie kaum erschlossene Blüten, und ein leises Lächeln umsonnte sie. So lächelt ein Kind, das in der Christnacht, das neue Holzpferdchen im Arm, entschlafen ist. So schön und duftig war das bleiche, verklärte Gesicht, dass dem Studenten auf einmal alte Märchen einfielen, an die er lange, lange nicht mehr gedacht hatte. Und er blieb stehen – unwillkürlich, wie er heute bei einer Wegmadonna stehen geblieben wäre, in dem Gefühl jener großen treuinnigen Sonnendankbarkeit, das *die* bisweilen überkommt, die das Beten verlernt haben. – Da begegnete sein Blick dem des Mädchens. Sie schauten sich in die Augen mit seligem Verständnis. Und halb unbewußt schleuderte der Student den jungen Blütenzweig über den Zaun, daß er mit sachtem Taumeln in den Schoß des blassen Kindes niederschwebte. Die weißen, schmalen Hände griffen mit zärtlicher Hast nach dem duftigen Geschoß, und Karsky genoß den leuchtenden Dank der Märchenaugen mit wonnigem Bangen. Dann schritt er weiter feldein. Erst als er weit im Freien war und der hohe Himmel mit feierlicher Stille über ihm lag, bemerkte er, daß er unablässig sang. Es war ein kleines, altes, seliges Lied.

Das hab' ich mir auch oft gewünscht, dachte der Student Vinzenz Viktor Karsky, krank gewesen sein einen ganzen Winter lang, und wenn der Frühling kommt, langsam und mählich ins Leben zurückkehren. Vor der Türe sitzen mit staunenden Augen und so recht ausgeruht sein und so kindisch dankbar für Sonne und Dasein. – Und alle sind dann lieb und freundlich, und die Mutter kommt dem Genesenen jeden Augenblick die Stirne küssen, und die Geschwister spielen Ringelreihn und singen bis ins Abendrot. – Und er dachte das, weil ihm immer wieder die blonde kranke Helene einfiel, die da draußen unter dem blütenschweren Kirschbaum saß und seltsame Träume sann. Wie oft sprang er von seinen Arbeiten auf und eilte zu dem blassen, stillen Mädchen. – Zwei Menschen, die das gleiche Glück leben, finden sich schnell. Die Kranke und Viktor berauschten sich beide an der kühlen, duftigen Frühlingsluft, und ihre Seelen klangen denselben Jubel. Er saß neben dem blonden Kinde und erzählte ihm tausend Geschichten mit sanfter, kosender Stimme. Was aus ihm klang, war ihm selbst fremd und neu, und er lauschte mit entzücktem Erstaunen auf seine eigenen Worte, die so rein und voll waren, wie eine Offenbarung. Und es musste wirklich etwas Großes sein, das er verkündete; denn auch Helenens Mutter, und das war eine Frau mit breiten, weißen Scheiteln, die gar manches gehört haben mochte in Welt und Wandel, lauschte oft wie andächtig, wenn er sprach, und einmal sagte sie mit unmerklichem Lächeln: »Sie müßten eigentlich ein Dichter sein, Herr Karsky.«

Die Genossen aber schüttelten nachdenklich die Köpfe. Vinzenz Viktor Karsky kam selten in ihren Abendkreis; kam er einmal, blieb er schweigsam, hörte weder ihre Scherze noch Fragen und lächelte nur so heimlich ins Lampenlicht, als lauschte er auf ein fernes, trautes Singen. Auch über Literatur sprach er nicht mehr, wollte nichts lesen und murrte, wenn man ihn ungestüm aus seinem Sinnen zerrte, ganz unvermittelt: »Bitt euch, der liebe Herrgott hat sonderbare Kostgänger.«

Darüber waren die Studenten aber einig, daß der gute Karsky nunmehr zu den allersonderbarsten gehörte; denn auch von seiner biederen Überlegenheit ließ er nichts mehr merken, und die kleinen Mädchen vermißten seine menschenfreundliche Lehrtätigkeit. Er war allen ein Rätsel geworden. Traf man ihn mal des Abends in den Gassen, ging er allein, blickte weder rechts noch links und schien bemüht, den seligen, seltsamen Glanz seiner Augen so rasch wie möglich in sein einsames Stübchen zu tragen und dort zu bergen – vor aller Welt.

»Was du für einen schönen Namen hast, Helene«, raunte Karsky mit behüteter Stimme, als hätte er dem Mädchen ein Geheimnis anvertraut.

Helene lächelte: »Der Onkel schilt immer und meint, so sollten eigentlich nur Prinzessinnen und Königinnen heißen.«

»Du bist auch eine Königin. Siehst du denn nicht, daß du eine Krone trägst von eitel Gold. Deine Hände sind wie Lilien, und ich glaube, Gott hat sich sogar entschlossen, seinen teuren Himmel zu zerschneiden, um dir Augen zu machen.«

»Du, Schwärmer«, grollte die Kranke mit dankbaren Augen.

»So möcht ich dich malen können!« seufzte der Student auf. Dann schwiegen sie beide. Ihre Hände fanden sich unwillkürlich, und sie hatten die Empfindung, es käme eine Gestalt auf sie zu durch den lauschenden Garten, ein Gott oder eine Fee. Seliges Erwarten füllte ihre Seelen. Ihre dürstenden Blicke trafen sich wie zwei schwärmende Falter – und küßten sich.

Und dann begann Karsky, und seine Stimme war wie fernes Birkenrauschen:

»Das ist alles wie ein Traum. Du hast mich verzaubert. Mit

jenem Blütenzweig hab ich mich dir zueigengegeben. Alles
ist anders. So viel Licht ist in mir. Ich weiß gar nicht mehr,
was früher war. Ich fühle keinen Schmerz, kein Unbehagen,
nicht einmal einen Wunsch in mir. – So hab ich mir immer
die Seligkeit gedacht – das jenseits vom Grab ...«
»Fürchtest du das Sterben?«
»Das Sterben ? Ja. Aber nicht den Tod.«
Helene legte ihm sanft die bleiche Hand auf die Stirne. Er
fühlte, sie war sehr kalt: »Komm ins Zimmer«, mahnte er leise.
»Mir ist gar nicht kalt – und der Frühling ist so schön.«
Helene sagte das mit inniger Sehnsucht. Ihr Wort klang nach
wie ein Lied.
Die Kirschbäume blühten nicht mehr, und Helene saß tiefer
im Laubengange, wo der Schatten schwerer und kühler war.
Vinzenz Viktor Karsky war Abschied nehmen gekommen. Die
Sommerferien brachte er fern an einem See des Salzkam-
mergutes bei seinen alten Eltern zu. Sie sprachen wie immer
über das und dies, über Träume und Erinnerungen. Aber der
Zukunft gedachte keines. Helenes Gesichtchen war bleicher
als sonst, ihre Augen größer und tiefer, und die Hände zuck-
ten leise auf der dunkelgrünen Decke. Und als der Student
sich erhob und die beiden Hände behutsam wie etwas Zer-
brechliches in die seinen nahm, da sagte Helene leise:
»Küß mich, du!«
Und der junge Mann neigte sich und berührte mit kühlen,
begierdelosen Lippen Stirn und Mund der Kranken. Wie
einen Segen trank er den heißen Duft dieses keuschen Mun-
des, und dabei fiel ihm eine Szene aus ferner Kindheit ein:
wie Mutter ihn mal emporgehoben hatte zu einem wunder-
tätigen Madonnenbild. Und dann ging er, gestärkt, ohne
Schmerz durch den dämmerigen Laubengang. Er wandte
sich noch einmal um, winkte dem blassen Kinde zu, das ihm

mit müdem Lächeln nachschaute, und warf dann eine junge Rose über den Zaun. Mit seliger Sehnsucht haschte Helene danach. Die rote Blüte aber fiel zu ihren Füßen nieder. Das kranke Mädchen bückte sich mühsam; es nahm die Rose zwischen die gefaltene Hände und küßte sich die Lippen rot an den samtweichen Blättern.

Das hatte Karsky nicht mehr gesehen.

Mit gefalteten Händen ging er durch die Sommerglut.

Als er in sein stilles Stübchen trat, warf er sich in den alten Lehnstuhl und schaute in die Sonne hinaus. Die Fliegen summten hinter den weißen Tüllgardinen, und eine junge Knospe war aufgesprungen auf dem Fensterbrett. Und da kam dem Studenten von ungefähr zu Sinne, daß sie nicht: »auf Wiedersehen« gesagt hatten.

Sonngebräunt war Vinzenz Viktor Karsky von den Ferien in die kleine Stadt zurückgekehrt. Mechanisch ging er durch die altgewohnten Giebelgassen und warf keinen Blick auf die Häuserstirnen, die das falbe Herbstlicht fast violett erscheinen ließ. Es war der erste Weg, den er seit seiner Heimkehr machte, und doch schritt er wie einer dahin, der täglich dieselbe Strecke zurücklegt; er trat endlich durch das hohe Gittertor in den stillen Kirchhof und setzte auch dort zwischen den Hügeln und Kapellen zielsicher seinen Weg fort. Vor einem grünen Grab blieb er stehen und las von dem schlichten Kreuze ab: Helene. Er hatte gefühlt, dass er sie hier finden müsse. Ein Lächeln der Wehmut zuckte um seine Mundwinkel.

Auf einmal dachte er: Nein, wie geizig die Mutter doch war! Auf des Mädchens Hügel lag neben verdorrten Blumen ein plumper Blechkranz mit geschmacklosen Blüten. Der Student holte ein paar Rosen, kniete nieder und deckte das kantige, karge Metall ganz mit den frischen Blüten zu, daß auch nicht ein Eckchen mehr zu sehen war. Dann ging er

wieder, und sein Herz war klar, wie der rote Frühherbst-
abend, der so feierlich über den Dächern lag.

Karsky saß eine Stunde später in der Stammkneipe. Die
alten Genossen umdrängten ihn, und auf ihr stürmisches
Begehr erzählte er von seiner Sommerreise. Als er von den
Alpentouren sprach, gewann er wieder seine alte Überlegenheit. Man trank ihm zu.

»Du«, begann einer der Freunde, »was war denn das damals
mit dir, vor den Ferien, du warst ja ganz ... na, – vorwärts,
heraus mit der Farbe!«

Da sagte Vinzenz Viktor Karsky mit verstohlenem Lächeln:
»Na, der liebe Herrgott...«

»... hat sonderbare Kostgänger«, ergänzten die andern im
Chor. »Das wissen wir schon.«

Nach einer Weile, als niemand mehr eine Antwort erwartete, fügte er sehr ernst hinzu: »Glaubt mir, es kommt darauf
an, daß man einmal im Leben einen heiligen Frühling hat,
der einem soviel Licht und Glanz in die Brust senkt, daß es
ausreicht, alle ferneren Tage damit zu vergolden ...«

Alle lauschten, als erwarteten sie noch etwas. Karsky aber
schwieg mit leuchtenden Augen. Keiner hatte ihn verstanden,
allein über allen lags wie ein geheimnisvoller Bann, bis der
Jüngste seines Glases Rest mit raschem Ruck austrank, auf den
Tisch schlug und rief : »Kinder, ich glaub ihr wollt sentimental
werden. – Auf! Ich lad euch alle zu mir ein. Da ist's gemütlicher,
als in der Gaststube, und dann: es kommen auch ein paar
Mädel. – Du gehst doch mit?« wandte er sich zu Karsky.

»Freilich«, sagte Vinzenz Viktor Karsky heiter und trank langsam sein Glas leer.

Rainer Maria Rilke

Seht, wie die Knospen sprießen

Seht, wie die Knos-pen sprie-ßen aus je-dem
Zweig her-aus, wie mur-melnd Quel-len flie-ßen aus
ih-rem Mut-ter-haus. So herz-lich fro-hes
Le-ben, die Brust so frei, so weit. Das ist des
Früh-lings We-ben, das nur der Lenz ver-leiht.

2. Es locket uns zum Wandern
die schöne Frühlingszeit,
und einer sagt's dem andern,
und alle sind bereit.
Kaum dämmert es im Osten,
erschallt schon unser Sang,
wer lange sitzt, muss rosten,

drum auf zum frischen Gang!
3. Wie schön, wie blau der Himmel,
die Luft so klar, so rein,
welch lustiges Getümmel
im hellen Sonnenschein.
O Wald, o Flur, o Heide,
ihr Täler und ihr Höhn,
o sel'ge Lenzesfreude,
o Welt, wie bist du schön!

Volksweise

Warum der März einunddreißig Tage hat

An einem Frühlingsmorgen zog ein Hirte mit seiner Herde aus. Unterwegs begegnete ihm der März: »Na, wo geht's denn heute hin?«
»In die Berge.«
»Gute Reise!«
An diesem Tag ergoss sich ein schweres Unwetter übers Gebirge. Eine wahre Sintflut. Am Abend auf dem Rückweg fragte der März den Hirten: »Wie war's den heute?«
»Ein wunderschöner Tag. Ich bin auf der Ebene gewesen. Die Sonne hat nur so gebrannt.«

»Und morgen?«

»Natürlich wieder ins Flachland. Alles andere wäre doch eine Dummheit. Bei dem herrlichen Wetter.«

»Recht so. Auf Wiedersehen.«

Der Hirte zieht in die Berge. Der März aber schickt Regen, Sturm und Hagelschlag über die Ebene. Ein wirkliches Strafgericht.

Am Abend kommt man wieder zusammen. »Wie ist's dir diesmal gegangen?«, will der März wissen.

»Einfach großartig. Da drinnen im Gebirge. Welch ein Himmel, welch eine Sonne!«

»Und morgen?«

»Aufs flache Land. Nicht so weit von zu Hause weg. Ich habe Gewitterwolken über den Bergen gesehen.«

»Da tust du gut dran.«

Mit einem Wort: Der Hirte macht immer genau das Gegenteil von dem, was er sagt, und der März kann ihm nicht am Zeug flicken. Am Ende des Monats sagt der März zu ihm:

»Wie steht's nun mit dir?«

»Ganz ausgezeichnet. Der Monat ist um, und ich kann ruhig schlafen.«

»Und morgen?«

»Munter hinaus in die Ebene. Das ist nicht so beschwerlich und geht schneller.«

»Auf Wiedersehen.«

Der März läuft Hals über Kopf zu seinem Bruder, dem April. Von ihm borgt er sich einen Tag aus.

Am nächsten Morgen zieht der Hirte mit seiner Herde los. Doch kaum haben sich die Schafe über die Weiden zerstreut, da bricht das Verhängnis herein. Sturm, Schnee und Hagelschlag setzen ein, und der gute Hirte hat alle Hände voll zu tun, seine Schützlinge in Sicherheit zu bringen. Am Abend kommt der März zum Hirten, der müde und niedergeschlagen am Feuer sitzt: »Guten Abend, Hirte.«

»Guten Abend, März.«

»Wie hast du's denn heute getroffen?«

»Hör mir bloß auf davon. Schlimmer war es als mitten im kältesten Januar. Als ob sämtliche Höllenteufel los wären. Das reicht unsereinem fürs ganze Jahr. Wenn ich an meine armen Schafe denke.«

So kommt es, dass der März einunddreißig Tage hat, weil er noch einen für den Hirten brauchte, den er sich vom April ausleihen musste. Der aber fehlt demselbigen gerade.

Anonym

Wie blüht es im Tale

Wie blüht es im Ta-le, wie grünt's auf den
Höhn! Und wie ist es doch im Frei-en, im
Frei-en so schön, und wie ist es doch im
Frei-en, im Frei-en so schön.

2. Es ladet der Frühling, der Frühling uns ein.
Nach der Weidenflöte sollen wir springen zum Reihn.

3. Wer wollte nicht tanzen dem Frühling zulieb,
der den schlimmen langen Winter uns endlich vertrieb.

4. So kommet, so kommet ins Freie hinaus!
Wenn die Abendglocke läutet, geht's wieder nach Haus.

M.: Volksweise
T.: August Heinrich Hoffmann von Fallersleben

Hoffnung

Und dräut der Winter noch so sehr
mit trotzigen Gebärden,
und streut er Eis und Schnee umher,
es muß doch Frühling werden.

Blast nur, ihr Stürme, blast mit Macht,
mir soll darob nicht bangen,
auf leisen Sohlen über Nacht
kommt doch der Lenz gegangen.

Drum still! Und wie es frieren mag,
o Herz, gib dich zufrieden,
es ist ein großer Maientag
der ganzen Welt beschieden.

Und wenn dir oft auch bangt und graut
als sei die Höll' auf Erden,
nur unverzagt auf Gott vertraut!
Es muß doch Frühling werden.

Emanuel Geibel

Zweierlei Lust

Einer von Adel fragte einen Bauern, zu welcher Zeit im Jahr die Bauern am lustigsten wären? Der Bauer antwortet, daß sie ihre beste Freud und Kurzweil im Winter haben, denn nach dem Abendessen setzen sie sich zum Feuer und braten Kastanien. Dann täten sie einen guten Trunk darauf und danach legten sie sich schlafen. Der Edelmann wollte ihm hierüber eines versetzen und sprach: »Ihr Bauern habt eine rechte Art wie Säue, die ebenfalls, wenn sie ihre Wampen voll haben, sich hinlegen und schlafen«. Darauf fragte der Bauer auch den gnädigen Herrn, zu welcher Zeit er am fröhlichsten wäre? »Wir von Adel«, sagt er, »haben unsere größte Lust im Frühling und sonderlich im Mai.« »Hol mich der Kuckuck«, sagte der Bauer, »so müßt ihr meines Esels Vetter sein, denn eben im selben Monat ist er sehr viel lustiger als sonst und schreit nichts anderes als I-a, I-a, I-a.«

Abraham a Sancta Clara

Drei Hasen

Drei Hasen tanzen im Mondschein
im Wiesenwinkel am See:
Der eine ist ein Löwe,
der andre eine Möwe,
der dritte ist ein Reh.

Wer fragt, der ist gerichtet,
hier wird nicht kommentiert,
hier wird an sich gedichtet;
doch fühlst du dich verpflichtet,
erheb sie ins Geviert,
und füge dazu den Purzel
von einem Purzelbaum,
und zieh aus dem Ganzen die Wurzel
und träum den Extrakt als Traum.

Dann wirst du die Hasen sehen
im Wiesenwinkel am See,
wie sie auf silbernen Zehen
im Mond sich wunderlich drehen
als Löwe, Möwe und Reh.

Christian Morgenstern

Die Tage der tausend Wunder

Schon lange singt die Amsel im Garten, schon lange der Fink im Walde. Das Schneeglöckchen fiel müde um, tot liegt der junge Krokus im jungen Grase. Was die Amsel sang und der Fink schlug, was das Schneeglöckchen und der Krokus blühten, was Hasel, Erle und Espe stäubten, was die Märzmotte tanzte und der Frosch murrte, Vorfrühling war es, aber der Frühling nicht.

Erst als das Lied der Singdrossel vom Eichenwipfel klang und über die ersten Grasspitzen im Walde der gelbe Falter taumelte, da zog der Frühling in das Land hinein, hüllte die Kornelkirsche in mattes Gold, hob jedes Zweiges braune Armseligkeit durch schimmernde Knospen und vollbrachte tagtäglich tausend schöne Wunder.

Das ist schon lange her. Nicht mehr grüßen wir jedes grüne Blättchen mit frohen Augen, liebkosen nicht mehr jedes schwellende Knöspchen mit freundlichem Lächeln; es sind der Blätter zu viele und übergenug der Knospen, und da es überall singt und klingt, tanzt unser Herz nicht bei jedem Vogelliede, wie an jenem Tage, da die erste Märzdrossel sang, der erste gelbe Falter flog, des ersten Märzblümchens Blauaugen aus fahlem Laube sahen. Wir wurden der kleinen Wunder gewöhnt und sehnten das große Wunder herbei, das Wunder der Allbegrünung des Waldes, und wir zürnten dem Ostwind, der dem Frühling die Hände band.

Er hat es gut gemeint, hat pfleglich gehandelt, daß er dem Westwind wehrte und dem Regen und der Sonne die Kraft nahm. Des Menschen Herz wird allzuschnell satt, danklos wendet es sich am Ziele ab, achtet das lange ersehnte Geschenk gering und dürstet nach der Wonne der Vorfreude. Eilig ist die Jugend, kurz ist der Frühling; was heute noch weich und frisch ist, ist morgen hart und staubig. Der Ostwind wußte, was er tat, als er den Vorfrühling festhielt und den Frühling warten ließ.

Herrlich ist der Frühling, und prächtig ist der Mai, aber so süß wie der Vorfrühling, so köstlich ist er nicht. Wonnig ist die goldene Maienwiese, aber so labt sie uns nicht, wie die erste Blüte des braunen Waldbodens, wie das erste Blättchen am kahlen Zweig, und tönt im Mai auch der ganze Wald, singt jeder Ast und klingt jeder Zweig, blüht jedes Fleckchen und glüht jedes Eckchen, das große Zauberwerk erhebt uns nicht so sehr wie die winzigen Wunder, aus denen es entstand.

Jedes von ihnen genossen wir einzeln, kosteten es für sich aus. Wir sahen das Windröschen mit demütig gebogenem Halse sich durch das Fallaub stehlen, wartend und frierend, bis die Sonne ihm Mut zusprach und ihm das blasse Gesichtchen rötete, sahen den gelben Falter fliegen, den ersten, und unser Herz machte einen Sprung, und bei jedem, den wir sahen, sprang es hoch in die Höhe. Der Graudrossel Lied entdeckten wir und trugen es heim als einen großen Schatz. Jeder Tag brachte neue Wunder, liebe Gaben. Im kalten Gewirre des Stangenholzes brannte eine grüne Flamme; die Traubenkirsche schoß in das Laub und machte sich zum Mittelpunkte des ganzen Waldes. Wilde Eifersucht durchfuhr den Weißdorn. Unnahbar stand er da in grauer Frostigkeit; nun aber platzten vor Grimm seine Knospen, neidisch grüne Blättchen quollen aus ihnen hervor und reckten und streckten sich um die Wette mit dem prahlenden Grün des Traubenkirschenbusches.

Das Winterlaub der Buchenjugenden, das Altlaub der Brombeerranken, die mit hartem Kupferglanz und schwerem Bronzeton weit und breit herrschten, merkten, dass ihre Tage gezählt sind, blaßten ab, schrumpften ein, verdrängt von quellenden Knospen; ihre Zeit ist um, ihr Herbst ist da, ihre Todesstunde ist gekommen. In das Vorjahrslaub fällt Blatt um Blatt, und die Windröschen spreizen hastig ihre Blätter darüber. Und nun, aus Angst, von der Rotbuche überflügelt zu werden, drängt die Weißbuche sich vor, betont jeden ihrer Zweige mit blitzendem Geschmeide, regt sich, rührt sich und hüllt sich in silbergrünes Gefunkel.

Unwillig sieht es der Ebereschenbaum. Er schickt Befehle nach den entferntesten Wurzeln, treibt sie an, hetzt sie auf, und eifrig saugen sie aus Mulm und Moos Saft und Kraft und geben die Säfte dem Stamme und die Kräfte den Zweigen, und ehe es sich die Hagebuche versieht, spreizt sich unter ihr, von oben bis unten in blankes Silber gekleidet, die Eberesche, funkelnd und gleißend im Sonnenlichte, stolz im Bewußtsein, der allerschönste Baum zu sein im ganzen Walde. Der Ahorn aber öffnet seine Truhen, nimmt das goldene Seidengewand hervor und stellt sich keck neben die Eberesche, und die tauscht ihre kalte Silberpracht mit warmem Grün, und unterdessen die beiden sich noch zanken, wer am schönsten sei, hat die Hainbuche noch mehr Smaragde umgehängt und drängt stolz Ahorn und Eberesche zurück.

Nebenan ist derselbe Kampf im Gange. Die dunkle Kiefer, die düstere Fichte, die immer noch schliefen, erwachen langsam und beginnen, sich faul und schläfrig zu putzen. Keiner weiß, wie sie es machen, aber tagtäglich hellt sich ihr Nadelwerk auf, färbt sich ihr Geäst, tauchen mehr strahlende Kostbarkeiten in ihren dunklen Kleidern auf, bis darin

Topase leuchten, Smaragde schimmern, Rubinen glühen. Aber ehe sie soweit sind, dreht sich die Bickbeere zu ihren Füßen dreimal vor dem Spiegel hin und her und ist über und über behängt mit dem köstlichsten Perlengeschmeide, und sie lacht die ernsten und bedächtigen Leute übermütig aus, vorzüglich den Faulbaumbusch, der immer noch dürr und leer dasteht, als hätte er noch wer weiß wie viel Zeit. Nachher muß er sich sputen und wird noch nicht fertig, und noch im Herbst trägt er bei den reifen Beeren noch grüne Früchte und junge Blüten, steht, wenn alles rot und bunt ist, im grünen Sommerkleide herum, und zieht dann Hals über Kopf das gelbe Herbstgewand an, das er drei Tage tragen darf, denn länger erlaubt es der Winter ihm nicht.

Da ist das Geißblatt vorsichtiger. Jeden Sonnenstrahl im Winter nutzte es aus und prangte schon im Januar mit großen grünen Blättern. Aber wie es so ist, launenhaft und krausen Sinnes, muß es sich im Frühjahr abermals über seine Brüder erheben, und wenn die anderen Bäume und Sträucher grüne Blätter treiben, färbt es die seinigen schnell zu vorlautem Kupferrot, und wenn alle anderen Büsche Früchte ansetzen, hängt es einen Wirbel wachsweißer Blüten in sein grau gewordenes Laub. Aber wenn der erste Reif das Gras zerbricht, dann prahlt mit frechem Granatschmucke der zeitlose Busch.

Während nun alle diese Bäume und Büsche sich um die Wette bemühten, ihre Frühlingskleider anzulegen, und täglich neue Künste trieben, standen die Rotbuchen da, als ginge sie das alles nichts an. Sie trugen gelassen ihr strenges, graues, schwarz und grün gestreiftes Winterkleid und nahmen sich kaum Muße, ihre Knospen für das Fest vorzubereiten. Bis dann der Tag kam, an dem der West mit dem Ost sich balgte, bis es ihm gelang, in den Wald einzudringen und eine Handvoll Regen hineinzusprühen. Da spannten sich die harten, spitzen, trockenen Knospen, sie wurden weicher, runder und saftiger. Aber eine Woche warteten sie noch, bis der Westwind wieder eine ·erquickende Spende über sie goß, und nun konnte dort und da ein Zweig den Mut nicht halten, die goldenen Hüllen zerstoben, und unten um die kalten Silberstämme tanzten smaragdene Falter, erst einige wenige, hier ein Trüppchen, dort ein Flug, bis ein langer Nachtregen kam, Scharen der grünen Schmetterlinge aus den Knospen lockte und das Astwerk mit einem grünen Geflimmer erfüllte, das sich von Tag zu Tag vermehrt, bis alle anderen Farben am Himmel und am Boden davor verschwanden.

Heute schon ist viel verschwunden, was gestern noch da war. Jüngst standen die Stämme der Buchen noch so scharf abgerissen im roten Laube; jetzt verschmelzen sie gänzlich mit dem grünweißen Estrich. Ihr blankes Silber verlor seinen eisigen Blick, ihr giftiges Grün sein freches Starren, ihr unheimliches Schwarz sein böses Gesicht. Die Stechpalmenhorste zu ihren Füßen, die so frühlingsgrün aus dem Schnee leuchten und so lustig aus dem roten Laube blitzten, sie bedeuten gar nichts mehr gegen das viele junge weiche Grün ringsumher, und wo sie noch sichtbar werden, wirken sie hart und lieblos.

Der Frühling hat einen leichten Sinn und kurz ist sein Gedächtnis. Eben noch bot das rote Laub am Boden seinem ersten Grün einen herrlichen Hintergrund, heute schon schiebt er es beiseite, schämt er sich des Erbgutes des Winters und bedeckt es hastig mit tausenderlei Grün und hunderterlei Farbe, damit niemand merke, daß er alle seine Schönheit und Frische und Jugend dem toten Laube und welken Blättern zu danken habe, und alle Freude verläßt sein Antlitz, erinnert ihn der Ostwind mit rauhem Worte an seine Herkunft, mit roher Hand aus Grün und Blüten die vergilbten, vergessenen Erinnerungen zerrend. Dann schauert der Frühling zusammen und sieht zitternd in die fahle, trockene Zukunft.

Einen Augenblick später vergißt er die Angst vor ihr und schafft emsig weiter, Wunder neben Wunder stellend, mit liebreichen, weichen Händen. Die harte, zackige Kante der Brombeere schmückt er mit weichen, runden Flöckchen, er lockt aus dem steifen Holunderbusch mildes Blattwerk, webt um düstere Moospolster einen lichten Schein, macht dem schüchternen Waldklee Mut, daß er sich im kalten Schatten der Fichten hervorwagt, rollt mit spielenden Fingern die ängstlichen Farnwedel auf, verhüllt die sparrigen Lärchenbäume mit zartgrünen Schleiern, erweckt des Pfaffenhütchens Selbstbewusstsein, der Weide Ehrgeiz, der Erle Willenskraft und wagt sich schließlich sogar an die Eiche heran, die abweisend und unnahbar alle seine Liebe immer wieder von sich stößt.

Bis auch für sie die Stunde schlägt, für sie der Tag kommt, der alle ihre Knospen sprengt, der Tag der tausend Wunder.

Hermann Löns

ie Weidenkätzchen

»Kätzchen, ihr der Weide,
Wie aus grauer Seide,
Wie aus grauem Samt!
O ihr Silberkätzchen,
Sagt mir doch, ihr Schätzchen,
Sagt, woher ihr stammt.«

»Wollens gern dir sagen:
Wir sind ausgeschlagen
Aus dem Weidenbaum,
Haben winterüber
Drin geschlafen, Lieber,
In tieftiefem Traum.«

»In dem dürren Baume
In tieftiefem Traume
Habt geschlafen ihr?
In dem Holz, dem harten
War, ihr Weichen, Zarten,
Euer Nachtquartier?«

»Musst dich recht besinnen:
Was da träumte drinnen,
Waren wir noch nicht,
Wie wir jetzt im Kleide
Blühn von Samt und Seide
Hell im Sonnenlicht.

Nur als wie Gedanken
Lagen wir im schlanken
Grauen Baumgeäst;
Unsichtbare Geister,
Die der Weltbaumeister
Dort verweilen lässt.«

»Kätzchen, ihr der Weide,
Wie aus grauer Seide,
Wie aus grauem Samt!
O ihr Silberkätzchen,
Ja, nun weiß, ihr Schätzchen,
Ich, woher ihr stammt.«

Christian Morgenstern

Ostern

Ostern, Ostern, Auferstehn.
Lind und leis die Lüfte wehn.
Hell und froh die Glocken schallen:
Osterglück den Menschen allen!

Volksgut

Ostermärchen

Am Abend vor Gründonnerstag lag der kleine Fritz mit wachen Augen im Bett und konnte nicht einschlafen. Beständig mußte er an morgen denken, wo er mit seinen Geschwistern – wie alle Jahre – Ostereier suchen würde. Wie viele es wohl sein und wie sie wohl aussehen und wie groß sie sein würden?

Während er noch darüber nachsann, hörte er plötzlich hinter sich ein feines Stimmchen seinen Namen rufen. Mehr erstaunt als erschreckt drehte er sich um und sah – einen kleinen Hasen auf dem Stuhl am Kopfende seines Bettes sitzen. »Mein Name ist Kohlfraß«, sagte das Häschen, »darf ich dich zu einem Spaziergang einladen?«

Fritzchen verwunderte sich zwar ein bißchen über den Einfall, jetzt spazieren zu gehen, erklärte sich aber bereit und folgte, nachdem er sich angezogen, dem Häschen, das im schnellen Laufe durch Zimmer und Vorsaal die Treppe hinunter, zur Stadt hinaus, über Wiesen und Felder voraneilte. Schneller war Fritz noch nie gelaufen.

Endlich hielt sein Führer vor einem hohen Felsen. »Dies ist der Osterhasenpalast«, sagte Kohlfraß. »Hier werden die Eier verfertigt, die wir Hasen dann in den Gärten und Stuben für artige Kinder verstecken. Eigentlich dürfen Kinder hier nicht hinein. Da du aber besonders brav gewesen bist, so will ich dir heute einmal alles zeigen.«

Hierauf zog das Häschen aus einem seiner Ohren ein Schlüsselchen hervor, das es in eine Felsritze steckte. Sogleich öffnete sich eine Türe, und sie traten in einen finstern Gang. Plötzlich ward es hell, und nun standen sie vor einem ungeheuren offenen Tore, durch das man in einen großen, hellen Saal schaute, der wieder in drei kleinere Säle abgeteilt war. Vor dem Tore stand eine Hasenschildwache mit einem Gewehre, das sie sofort auf Fritzchen anlegte.

Dieser flüchtete entsetzt hinter seinen Begleiter. Kohlfraß aber raunte der Schildwache nur ein Wörtchen zu, worauf diese sogleich das Gewehr senkte und ehrerbietig präsentierte. Die zwei traten nun in den ersten Saal. »Hier werden die Eier gelegt«, erklärte Kohlfraß.

Fritzchen sah mit Staunen: Da kauerten Tausende von Hasen und Häschen am Fußboden, der mit weichem Moos belegt war. Sie hielten sämtlich die Vorderpfoten in die Seiten gestemmt und stöhnten und keuchten ganz schrecklich – das Leben mußte doch sehr anstrengend sein! –, während der Eierhaufen neben einem jeden immer größer und größer wurde. Es waren auch Zuckerhasen darunter, die legten natürlich Zuckereier. Fritzchen sah auch welche aus Marzipan, Schokolade, ja aus Glas – und sogar aus purem Golde! Ging einmal ein Ei entzwei, dann geschah etwas Schnurriges: Es schlüpfte nämlich sofort ein Häschen heraus, das gleich fleißig mit legen half. Andere Hasen gingen umher, sammelten die Eier in Körbchen und trugen diese fort.

Fritzchen wurde nun von seinem Begleiter in den zweiten Saal geführt. Hier saßen Tausende von Hasen auf Kohlblättern, große Farbtöpfe neben sich und Pinsel in den Pfoten. Fritzchen bemerkte, daß sie fast alle mit Farbenklecksen bespritzt waren. Sie trugen große Brillen auf der Nase, ließen die Ohren hängen und taten sehr wichtig.

»Die Maler«, erklärte Kohlfraß.

Fritzchen beobachtete mit Vergnügen, wie die langohrigen Künstler mit erstaunlicher Geschwindigkeit die Eier rot, gelb, blau und grün bepinselten, allerlei Figuren hineinkratzten und auf den Zucker- und Schokoladeneiern mittels kleiner Spritzen Herzen, Namenszüge und andere Formen aus Zuckerguß anbrachten.

Die auf diese Weise fertiggestellten Eier wurden von anderen Hasen in den dritten Saal geschafft, wo sie, sorgfältig mit Moos umhüllt, in Körbe gepackt und von Hasendienstmännern fortgetragen wurden.

Fritzchen war inzwischen von Kohlfraß in den dritten Saal vor den Osterhasenkönig gebracht worden.

Dieser, ein Hase von riesenhafter Größe, saß in einer ungeheuren Eierschale, von einer Schar von Hasenhöflingen umgeben, die alle bei Fritzchens Eintreten aufsprangen und höflich Männchen machten – was bei den Hasen dasselbe wie bei unseren Soldaten das Salutieren ist. Seine Majestät hatte erstaunlich lange Ohren, die durch den ganzen Saal reichten und deren er sich ab und zu bediente, einem unfolgsamen Untertanen eine Ohrfeige zu verabreichen.

Er redete übrigens Fritzchen sehr freundlich und leutselig an, riet ihm, immer so brav und gut zu bleiben wie bisher, und überreichte ihm schließlich ein Osterei.

Hoch erfreut seinen Dank stammelnd, wollte Fritzchen es entgegennehmen, erfaßte es auch bereits, da – o weh! – entglitt es seiner Hand und zerschlug – klack! – auf dem Fußboden. Sogleich kamen eine Menge Hasen daraus hervor, sie fingen an zu legen und legten und legten – ein Ei nach dem andern in einem fort! Im Nu war der ganze Boden mit Eiern bedeckt. Die Hasen aber legten weiter und immer weiter: Jetzt reichte der Eierhaufen schon bis an Fritzchens Schultern. Und mit einemmal ward es ihm schwarz vor den Augen, ihn überkam eine furchtbare Angst, er schrie laut auf und – erwachte.

Er lag in seinem Bette: Alles war verschwunden, bis auf ein kleines Schokoladenei, das er in der Hand hielt. Darauf stand ein K und ein L: König Lampe.

Joachim Ringelnatz

er enthüllte Osterhase oder kleine Versteck-Lehre

Verstecken heißt: Spuren hinterlassen. Aber unsichtbare. Es ist die Kunst der leichten Hand. Rastelli konnte Sachen in der Luft verstecken.
Je luftiger ein Versteck, desto geistreicher. Je freier es dem Blick nach allen Seiten preisgegeben, desto besser.
Also beileibe nichts in Schubladen, Schränke, unter die Betten oder ins Klavier stecken.
Fairness am Ostermorgen: Alles so zu verstecken, dass es entdeckt werden kann, ohne dass irgendein Gegenstand vom Fleck bewegt werden muss.
Es braucht darum nicht frei zu liegen: eine Falte in der Tischdecke, ein Bausch im Vorhang kann schon den Ort verraten, an dem man zu suchen hat.

Sie kennen Poes Geschichte vom »Entwendeten Brief«? Dann erinnern Sie sich sicher der Frage: »Haben Sie nicht bemerkt, dass alle Menschen, wenn sie einen Brief verstecken, ihn, wenn auch nicht gerade in ein ausgehöhltes Stuhlbein, so doch wenigstens in irgendeinem verborgenen Loch oder Winkel unterbringen?« Herr Dupin, Poes Detektiv, weiß das. Und darum findet er den Brief da, wo sein sehr gerissener Gegenspieler ihn aufbewahrt: nämlich im Kartenhalter an der Wand, vor aller Leute Augen.

Nicht in der »guten Stube« suchen lassen. Ostereier gehören ins Wohnzimmer, und je unaufgeräumter es ist, desto besser.

Im achtzehnten Jahrhundert hat man gelehrte Abhandlungen über die seltsamsten Dinge geschrieben: über Findelkinder und Spukhäuser, über die Arten des Selbstmordes und die Bauchrednerei. Ich könnte mir eine übers Eierverstecken ausdenken, die es an Gelehrsamkeit mit den genannten aufnehmen könnte.

Sie würde zerfallen in drei Hauptstücke oder Kapitel. Darinnen würde der Leser bekanntgemacht mit den drei Urprinzipien oder Anfangsgründen aller Verstecke-Kunst.

Ad eins: Das Prinzipium der Klammer. Das wäre die Anweisung zur Ausnutzung von Fugen und Spalten. Der Unterricht in der Kunst, Eier in der Schwebe zu halten zwischen Riegeln und Klinken, zwischen Bild und Wand, zwischen Tür und Angel, in der Öffnung eines Schlüssels so gut wie zwischen den Röhren einer Zentralheizung.

Ad zwei: Das Prinzipium der Füllung. In diesem Kapitel würde man lernen, Eier als Pfropfen auf den Flaschenhals, als Lichter auf den Kerzenhalter, als Staubgefäß in einen Blumenkelch, als Birne in eine elektrische Lampe zu praktizieren.

Ad drei: Das Prinzipium der Höhe und Tiefe. Bekanntlich fassen die Leute zuerst ins Auge, was ihnen in Blickhöhe gegenüber ist; dann schauen sie nach oben, erst ganz zuletzt kümmern sie sich um das, was zu ihren Füßen liegt. Kleine Eier kann man auf Bildleisten balancieren lassen, größere auf dem Kronleuchter, wenn man ihn noch nicht abgeschafft hat. Aber was hat das alles zu sagen im Vergleich mit der Fülle von abgefeimten Asylen, die wir fünf oder zehn Zentimeter überm Fußboden zur Verfügung haben. Da kommt in Gestalt von Tischfüßen, Sockeln, Teppichfransen, Papierkörben, Klavierpedalen das Gras, in das der echte Osterhase allein seine Eier legt, sozusagen in der Großstadtwohnung zu Ehren.

Und da wir einmal bei der Großstadt sind, soll auch ein Trostwort für die noch dastehen, die zwischen spiegelglatten Wänden in stählernen Möbeln hausen und ihr Dasein, ganz ohne Rücksicht auf den Festkalender, rationalisiert haben. Die mögen sich ihr Grammophon oder ihre Schreibmaschine nur einmal aufmerksam angucken, dann werden sie sehen, dass sie auf kleinstem Raum an ihnen so viel Löcher und Verstecke haben, als bewohnten sie eine Siebenzimmerwohnung im Makartstil.

Und nun wäre es gut, diese gewitzte Liste den Kleinen nicht vor Ostermontag in die Hände fallen zu lassen.

Walter Benjamin

Auf ein Ei geschrieben

Ostern ist zwar schon vorbei,
Also dies kein Osterei;
Doch wer sagt, es sei kein Segen,
Wenn im Mai die Hasen legen?
Aus der Pfanne, aus dem Schmalz
Schmeckt ein Eilein jedenfalls,
Und kurzum, mich täts gaudieren,
Dir dies Ei zu präsentieren,
Und zugleich tät es mich kitzeln,
Dir ein Rätsel drauf zu kritzeln.

Die Sophisten und die Pfaffen
Stritten sich mit viel Geschrei:
Was hat Gott zuerst erschaffen,
Wohl die Henne? wohl das Ei?

Wäre das so schwer zu lösen?
Erstlich ward ein Ei erdacht:
Doch weil noch kein Huhn gewesen,
Schatz, so hats der Has gebracht.

Eduard Mörike

Der Osterhase

Schaut, wer sitzt denn dort im Gras?
Stil-le, still, der Has', der Has'! Guckt mit
sei-nem lan-gen Ohr aus dem grü-nen
Gras her-vor. Lasst uns schau-en, was im
Nest liegt so ku-gel-rund und fest.

Eier, blau und grün und fleckig,
Eier, rot und gelb und scheckig.
Häslein in dem grünen Wald,
bin dir gut und dank' dir halt.
Häslein mit dem langen Ohr,
dank' dir tausendmal davor!

Volksweise

Ei vor Ostern

Heute in einer Woche ist Ostern! Das ist an sich nichts besonderes, denn das kam in den vergangenen Jahren auch schon mal vor, daß nach einer Woche Ostern war …

Auch in diesem Jahr wird man auf das Osterei ein besonderes Gewicht legen, was aber nur vorsichtig geschehen darf, da Eier überaus empfindlich sind und ein besonderes Gewicht nicht ertragen können. Auch ihr hoher Preis ist kaum zu ertragen, weshalb den Eiern, wenn sie vor Wut kochen, oft genug der Kragen beziehungsweise die Schale platzt.

Aus einem einzelligen Ei entsteht jegliches Leben. Alle werden aus einer Zelle geboren, manche sterben sogar in einer Zelle.

Wie wichtig das Ei ist, kann man aus der Tatsache erkennen, dass es im Englischen als einzige Vokabel groß geschrieben wird – wie zum Beispiel in dem Satz: I love you, zu deutsch: das Ei liebst du. Lässt der Engländer das Ei fallen, so sagt er: I love you very much, zu deutsch: das Ei liebst du sehr matschig, oder frei übersetzt: du liebst Rührei.

Bei Rührei muß ich immer an die Märchen denken, seien sie von Grimm oder von jemand Andersen. Ei, wie gerührt ist man, wenn plötzlich eine Fee erscheint und dem braven Kinde sagt, es habe einen Wunsch frei …

Ich habe nun den Wunsch, das nahende Osterfest mit einem kleinen Ostergedicht zu begrüßen:

Wer ahnte, daß zum Weihnachtsfest
die Adelheid mich sitzen läßt?

Das war noch nichts! Zu Ostern jetzt
hat sie mich ebenfalls versetzt!
Nun freu ich mich auf Pfingsten
nicht im geringsten.

Heinz Erhardt

Ostermärchen

Es war einmal ein kleiner Junge, dem träumte in der Nacht
vom Ostersamstag zum Ostersonntag, er läge nicht in seinem
Bettchen in der warmen Stube, sondern draußen auf der
Wiese unter dem blassen Vollmond und den silbernen Sternen. Dort läge und schliefe er, warm eingehüllt, damit ihm der
Nachtwind nicht schade, der die Blütenzweig über ihm leise
bewegte. Und ihm zu Häupten – so träumte ihm – stände ein
mit Blättern ausgelegtes Körbchen auf dem Rasen, und drei
Osterhäslein wäre damit beschäftigt, die schönen Eier, die in
dem Körbchen lagen, zu ihm hinzutragen, sie ihm sacht unter
die Hand zu schieben und auf den Arm zu legen; und wenn er
dann erwachte, dann würde er all die schönen Eier finden
und mit ihnen zu Vater und Mutter springen dürfen.
So träumte unser kleiner Junge in der Nacht zum Ostersonntag.
Als es aber zwischen fünf und sechs Uhr morgens war – oder
war es noch nicht einmal so spät –, da erwachte Fritz, denn so

hieß der kleine Knabe, und sprang aus dem Bette. Nun, Eier lagen freilich keine auf seinem Arm oder in seiner Hand – das musste ihm also wohl bloß so geträumt haben. Aber Ostermorgen war es wirklich. Da sollte man doch wenigstens in den Garten hinunterschauen, denn wer weiß, wer weiß …? Und Fritzchen stieß rasch die Fensterläden auf – da stand aber sein Mäulchen auch gleich offen, ganz ebenso offen wie die Fensterläden. Nein, seht doch, seht doch nur! Was war das aber auch für eine Ostermorgenpracht! Der Himmel war von der ersten Morgenröte so zart und rosig gefärbt, wie das eben nur an einem Ostermorgen sein konnte, wo auf allen Beeten Ostereier lagen, kreuz und quer, große und kleine in allen Farben, so daß der Himmel durchaus nicht zurückbleiben durfte, sondern zeigen mußte, daß auch er in gar köstlichen Farben prahlen und strahlen könne, er, der junge leuchtende Ostersonntagsmorgenhimmel, über dem noch die letzten blassen Sterne der Nacht funkelten, wie als ob auch sie noch ein klein wenig von all der Osterherrlichkeit erhaschen wollten.

Draußen im Garten aber begann jetzt ein reges Leben. Hin und her sprangen die munteren Osterhäschen, legten noch hierhin und dorthin ein schönes buntes Ei, das eine nach dem einen Ende des Gartens, das andere nach dem andern. Und welche wieder saßen mit gespitzten Ohren – oder vielmehr Löffeln (denn so nennt man ja die Ohren des Hasen) – um einen Eierkorb und bewachten ihn, bis dann später die Kinder kämen. Inzwischen ging die Sonne schon halb auf, und der Mond, der alte Nachtwächter, wurde immer schläfriger und schläfriger und dachte: Jetzt werde ich wohl auch bald nach Hause gehen können.

Ja, das war eine drollige Geschichte! Saß da auch so einer von unseren fleißigen Osterhäschen unter den lieblichsten Blütenzweigen, die man sich denken kann, und legte eben ein wunderschönes Osterei nach dem anderen – als vier Schmetterlinge angeflogen kommen und ihn ganz ohne Scheu umflattern. Ja, der eine hält gar seinen weichen, braunen Rücken für ein höchst behagliches Ruhekissen, auf dem man sich – warum auch nicht? – wohl auf eine Weile niederlassen und ausrasten könnte. Unser kleiner Hasenfreund hat zwar gegen diese lichtfarbigen Sommerkinder sonst nicht viel einzuwenden – aber sollte das nicht schließlich doch über den Spaß gehen? Man ist doch ein großer, ausgewachsener Hase und darf also wohl einen gewissen Respekt fordern! Wo käme die Welt denn hin, wenn solch ein kleiner kecker Geselle sich einem einfach auf den Rücken setzen dürfte, als wäre man nur eben ein Sofa für ein – und das noch dazu während eines so wichtigen Geschäftes! Nein, nein, man darf unserem Freund sein sehr erstauntes Gesicht wahrlich nicht übel nehmen, auf dem unverkennbar geschrieben steht: Ich finde das sehr, sehr merkwürdig!

Es mochte acht oder neun Uhr sein, da gingen die Eltern mit den Kindern durch den Garten. »Nun wollen wir doch einmal sehen«, sagten sie, »ob euch die Osterhasen auch schöne Eier versteckt haben!« Voraus aber ging Nesthäkchen, das Kleinste, und richtig! Da hatte es auch schon drei Eier gefunden, die auf einem Häuflein zusammen lagen: ein rotes, ein blaues und ein gelbes Ei. Der Vater aber streckte die Hände aus und rief: »So, nun gib sie mir, mein Liebling! Und ich gebe sie dann der Mutter in ihr Körbchen, nicht wahr?« Die Mutter aber sah gerade zu dem Blütenstrauch hin, unter dem Fritz eine Menge Ostereier entdeckt hatte – was ja freilich auch nicht gar so schwer war. Fritz aber war gleichwohl ganz stolz darauf, als wäre er wunder wie schlau gewesen.

»Was meinst du«, sagte der eine Hase draußen auf dem Wiesenhügel zum anderen, »sollten wir nicht durch dieses offene Fenster hier in die Wohnstube hineinhoppeln?« »Ja, ja, das tun wir«, meinte der andere. »Denn hier draußen, da haben wir ja den Leuten vom Hause schon eine ganze Osterbescherung aufgebaut – also werden sie wohl nichts dagegen haben, wenn wir unsere Ostereier auch noch drinnen verstecken.« »Gewiß nicht«, sagte der andere.

»Und dann, weißt du, gibt es nichts Lustigeres, als solch ein Wohnzimmer heimlich mit Ostereiern auszulegen. Da macht man zuerst die schönsten Figuren auf dem sauberen weißen Tischtuch, und dann kommt die Kommode an die Reihe und dann der Lehnstuhl und dann das Sofa.«

»Also dann los! Hopp du nur voran, ich komme schon mit.« Als die Osterhasen nun mit allem fertig sind und richtig in der Stube drin sitzen und mit ihnen noch drei kleine Hasenkinder, die so lange gebettelt hatten, bis sie ihnen erlaubten, mitzukommen – da läuft plötzlich Nesthäkchen herein, das jüngste Töchterchen, das ein paar Stunden früher ein rotes, ein blaues und ein gelbes Ei gefunden hatte. Das sieht nun die Hasen und Hasenkinder ganz einfach auf dem Tisch und dem Sofa und den Stühlen sitzen, so als wäre das ganz selbstverständlich. Und nun gucken sie sich ganz erstaunt an, Nesthäkchen und das eine Hasenkind, das eine Hasenkind und Nesthäkchen. Aber fürchten tun sie sich nicht im mindestens voreinander, das kleine Menschenkind und das kleine Hasenkind – und das ist recht so, und das ist gerade das Schöne dabei. Nur der eine alte Hase, der macht einen gewaltigen Satz vom Tische weg. Da sind die Hasenkinder doch viel vernünftiger.

Bim Bam Baum Bom – Bim Bam Baum Bom – das läutet und läutet vom Turm, und die Schneeglöckchen und Märzbecher und die anderen kleinen Blumenglocken läuten auch noch dazu, nur sehr viel leiser und ferner: Bim Bam Baum Bom …

Ach, dieses viele Herumlaufen und Eiersuchen! Soll man da nicht ein ganz, ganz klein wenig müde werden dürfen? Bim Bam Baum Bom – so wohl und so fein läutet es dich in Schlaf und Traum. Was läutet er wohl, der Glockenturm mit den vielen schönen Glocken? Ei, das will ich dir wohl sagen: er läutet Ostern ein!

»Ostern?«, sagst du, »nun ja – Ostern!«

Weißt du denn auch so recht von Herzen, was Ostern ist? Ostern oder Auferstehungszeit? Ja, du liebes Kind, fühlst du denn auch so recht, was das für ein Fest ist, das diese Glocken dort vom Turm so freudig einläuten mit ihrem hellen, klingenden Bim Bam Baum Bom, dass die Lerchen, die droben im blauen Himmel jubilieren, kaum wissen, wie sie mit ihren kleinwinzigen Kehlen da noch mitkommen sollen? Heute, in dieser heiligen Osternacht, da waren der Winter in seinem großen weißen Schafspelz und der Frühling in seinem leichten blau und weiß gestreiften Anzug zum letzten Mal zusammen. Denn da hat der alte Winter seinem Sohne auf die Schulter geklopft und hat ihm seinen Königsring gegeben, seinen Königsring aus purem Golde und einem purpurnen Edelstein inmitten, und hat zu ihm gesagt: »So, jetzt sei du König. Ich bin alt und will in meine Höhle hinten im Walde gehen, da, wo der Dachs wohnt, unter den vom Wind gestürzten Tannen, und der Uhu, der nachts umherfliegt und seinen Ruf ruft und mit seinen glühenden Augen durch die finsteren Zweige äugt. Da, ja, da gehöre ich nun hin – und in diese Welt hier« – dazu machte der Winter eine große, alles umfassende Handbewegung über die junge Wiese hin, auf der sie standen und aus deren schwachem Gras schon die Märzveilchen lugten, und über die jungen Wälder, in denen die weißen, zarten Birken zu knospen anfingen und die Kätzchen schon munter sprossen, und über den jungen Himmel hin, an dem eine ganz große Herde grauweißer Lämmerwölkchen dahinzog und wartete, bis Mond und Sterne untergegangen wären und sie die liebe rote Sonne auf ihren Pelz kriegen würden –, über all das machte der Winter solch eine mächtige, weit ausladende Handbewegung hin un sagte: »In diese Welt gehörst jetzt du. Jetzt blase du dein süßes, gewaltiges Hirten- und Auferweckungslied, daß die Erde zu blühen anfängt wie ein einziger wunderseliger Garten und morgen früh alle Menschen, groß und klein, alt und jung, wissen und sehen und schmecken und fühlen, dass du gekommen bist, du, der Frühling, mein lieber Sohn! Den Tag aber, wo sie das zum erstenmal so ganz überwältigend sehen und schmecken und fühlen (also den morgenden Tag, wenn du nur recht dein Werk tust), diesen Tag, den nennen die Menschenkinder Ostern nach deiner lieben Mutter, meiner königlichen Gemahlin Ostara, von der du all deine Schönheit und deinen Frohsinn geerbt hast, du wilder Zauberer und Götterliebling!«

Und wie er das so sagte, der alte weißbärtige Winter, und dabei sich auf die flachsblonden Goldlocken seines Sohnes niederbeugte, um ihn zu segnen, da wurde ihm ganz weich ums Herz, so daß ihm ein riesiger Eiszapfen auf der linken Wange schmolz und auf den Frühling in seinem leichten Anzug herniedertropfte. Da lachte der sein hellstes Lachen und rief, indem er die Arme schnell noch einmal um den Vater schlang, ihn mitten auf den Mund küßte und dann nach dem Wander- und Hirtenstab sprang, der unweit über dem munteren Wiesenbach quer drüber gleich wie ein Brücklein lag: »Aber Herr Vater! Wir sehen uns doch wieder im Oktober oder im November oder spätestens zu Weihnachten – oder glaubt der Herr Vater, ich würde dies Jahr nicht wiederkommen mit meinem Korb voll pausbäckiger Äpfel und ...«

»… und dass du mir ja guten Wein mit heimbringst«, lachte der Alte nun auf und wischte sich mit dem Schafspelzärmel den Rest des Eiszapfens vom zwinkernden Auge. »Soll geschehen! Soll geschehen!«, hallte es nun schon von jenseits des Baches wider; denn der Frühling begann jetzt auszuschreiten, um sein großes Auferweckungswerk zu vollbringen. »Vergiss mir auch die Kinder nicht, und daß die Osterhasen auch ihre Pflicht tun!«, war das letzte, was er von dem Alten noch hörte.

Dann zogen sie ein jeder seines Weges, der Winter in seinen Wald und der Frühling hinaus über die weite Erde.

Seht ihr, das hat nun alles der kleine Junge hier auf der Wiese geträumt, und ganz gewiß waren es die Blumenglöckchen, die ihm diesen Traum vom alten Winter und vom jungen Frühling zugeläutet haben.

Denn, Kindlein, alles, was Glocken heißt, das hat ja der Frühling besonders lieb. Das muß ihm wecken helfen. Die Augen, die weckt er mit all den köstlichen bunten Farben, mit dem Blau des Himmels, dem Gelb der Schmetterlinge, mit dem Grün der Wiesen und dem Rot der Blumen. Und damit auch, wie solch ein Pflänzlein geformt und bebildet ist: bald als Stern, bald als herzförmiges Blatt, bald als ein Becherchen, aus dem die Bienen trinken werden, bald als ein Glöcklein und bald als ein Röcklein. Die Nasen aber weckt er auf mit dem Gesang der Vögel und dem Jubel der Kinder und dem Summen der Bienen. Doch das genügt ihm immer noch nicht: und da ist er denn über die Maßen froh, dass die Menschen Türme gebaut haben mit Glocken darin, ganz eigens dafür bestimmt, ihm wecken zu helfen. Aber selbst das wäre ihm noch nicht genug. denn wenn nun doch ein Kind trotz all der lauten Turmglocken mitten auf der Wiese mitten in der Morgensonne und noch dazu neben einem Korb, gefüllt mit großen bunten Ostereiern, eingeschlafen ist wie unser kleiner Fritz? Ja, was dann? Dann braucht er eben noch andere Glocken; solche, die noch ganz anders läuten als die großen, plumpen Glocken aus Kupfer und Eisen; solche, die man nur hören kann, wenn es so still in einem ist, daß man sonst gar nichts hört von der ganzen Welt um einen herum; die einen ganz drinnen, ganz tief drinnen aufwecken, daß auch die kleinsten, verborgensten Herzlein des Frühlings voll werden, daß alles Gute und Liebe in ihnen die Augen aufschlägt. Dann sagen solche Herzlein wohl ganz leise im Traum: »Oh, wie gut ist doch das alles! Wie gut sind Vater und Mutter, wie sorgen sie für mich, wie beschenken, wie erfreuen sie mich. Und auch die lieben Osterhasen, daß auch sie an mich gedacht haben! Und all die Blümchen und Vöglein und Schmetterlinge, wie gut sind sie alle! Ich will auch gut sein, ich auch, ich kleiner Mensch, ich will auch so lieb und gut sein wie sie alle, mein ganzes Leben lang.«

Ihr Kinder, liebt mir die kleinen Glockenblumen und tut ihnen, ihnen ganz besonders, nie etwas zu Leide. Dafür, müßt ihr wissen, begleiten sie euch auch überallhin, wohin ihr nur kommt: ihr findet sie im Tale wieder und auf den hohen Bergen und am Meeresstande – und immer werden sie euch etwas Liebes zu sagen haben, wenn ihr müde geworden seid und die großen ehernen Glocken der Welt nicht mehr hört und auf der Wiese eingenickt seid wie hier unser kleiner guter Fritz.

Als der Abend dieses schönen Ostertages gekommen ist und die Kinder in ihren Bettchen liegen, da setzt sich die Mutter noch ein Weilchen zu ihnen und erzählt ein wenig von der weiten Reise der Sonne, vom Ostermond und von den Sternen. Dann singt sie ihnen ein Schlummerliedchen, und das wollen wir nun alle ganz leise mitsingen:

Träum, Kindlein, träum!
Im Garten stehn zwei Bäum.

Der eine, der trägt Sternlein,
der andere Mondenhörnlein.

Da kommt der Wind der Nacht gebraust –
und schüttelt die beiden mit rauher Faust.

Das Mondenhörnleinbäumlein steht,
als wäre gar kein Wind, der weht.

Dem Sternenbäumlein aber, ach,
dem fallen zwei Sternlein in den Bach.

Da kommen zwei Fischlein munter –
und schlucken die Sternlein hinunter.

Und hätte es nicht sterngeschnuppt,
so wären sie nicht so schön geschuppt.

Träum, Kindlein, träum,
im Garten stehn zwei Bäum …

Der eine, der trägt Sternlein,
der andre Mondenhörnlein …

Träum, Kindlein, träum …

Christian Morgenstern

as Osterei

Hei, juchhei! Kommt herbei!
Suchen wir das Osterei!
Immerfort, hier und dort
Und an jedem Ort!
Ist es noch so gut versteckt,
Endlich wird es doch entdeckt.
Hier ein Ei! Dort ein Ei!
Bald sind's zwei und drei.

Wer nicht blind, der gewinnt
Einen schönen Fund geschwind.
Eier blau, rot und grau
Kommen bald zur Schau.
Und ich sag's, es bleibt dabei,
Gern such' ich ein Osterei:
Zu gering ist kein Ding,
Selbst kein Pfifferling.

Hoffmann von Fallersleben

Klein Häschen wollt spazieren gehn

Klein Häs-chen wollt spa - zie-ren gehn, spa - zie-ren ganz al - lein, da hat's das Bäch-lein nicht ge-sehn und plumps fiel es hin - ein.

2. Das Bächlein trieb's dem Tale zu, dort wo die Mühle steht und wo sich ohne Rast und Ruh das große Mühlrad dreht.

3. Ganz langsam drehte sich das Rad, fest hielt's der kleine Has und als er endlich oben war, sprang er vergnügt ins Gras.

4. Dann läuft Klein Häschen schnell nach Haus, vorbei ist die Gefahr.
Die Mutter schüttelt's Fell ihm aus, bis dass es trocken war.

T.: Heinrich von Leipziger
M.: Asmus

Die Entlarvung des Osterhasen

Ich muß ein geradezu reizendes Kind gewesen sein. – Wer mich noch nicht lange genug oder gar nicht kennt, der kann das nicht beurteilen. Denn ich habe mich im Laufe der Jahre ziemlich verändert... Trotzdem soll mich niemand um Fotografien aus jener Zeit bitten, damit er meine damaligen Vorzüge begreife! Nicht etwa, dass solche Fotografien nicht existieren! Aber sie werden mir nicht gerecht; ich bin darauf einfach nicht gut getroffen. Eher möchte ich schon empfehlen, sich an meine Mutter zu wenden, deren Adresse mitzuteilen ich gern erbötig bin. Ihre Auskünfte, sicher auch die meiner Tante Lina, ferner die weit zurückreichenden Erinnerungen des Fräuleins Haubold aus der Färbereifiliale und der Bäckermeisterin Wirth – um nur einige Kronzeugen meiner Kindheit zu nennen –, kurz, eine imposante Summe des vollsten Vertrauens werter mündlicher Überlieferung wäre recht wohl dazu geeignet, auch den letzten Zweifel gegenüber meiner Behauptung zu entkräften, wie ich zu meinem eigenen Bedauern wie einen mathematischen, jedes Beweises gern entratenden Lehrsatz wiederholen will: Ich muss ein geradezu reizendes Kind gewesen sein. –

Nichts wird dem, der Gemüt zu besitzen vorgibt, verständlicher sein, als daß ich mich mit einer ans Leidenschaftliche grenzenden Vorliebe jenes vergangenen Lebensabschnittes erinnere, in dem es mir vergönnt war, staunende Beachtung zu finden. Ja, ohne Übertreibung darf ich es aussprechen: Ich werde mir unvergeßlich bleiben ...

Wie wundervoll war es doch, das Raunen der Erwachsenen

zu kosten, wenn ich anläßlich der öffentlichen Osterprüfungen vor das Katheder trat, um ein Gedicht von Viktor Blüthgen oder Ludwig Uhland zu deklamieren! Wie ergriff mich die Feststellung, daß die Augen des Oberlehrers voller Zärtlichkeit auf mir ruhten und daß über die Wangen auch der neidischsten Mütter Tränen der Rührung bis zu Erbsengröße rollten!

Oft hat man böse Worte gegen die Musterschüler gesprochen und geschrieben; man hat sehr unrecht daran getan. Mehr sage ich nicht, obwohl gerade ich dazu berufen wäre; denn ich war ein Musterschüler, wie er prächtiger und exemplarischer nicht wieder zur Welt kommen dürfte... Musterschüler zu sein ist eine keineswegs jedem Beliebigen zugängliche Aufgabe. Es ist vielmehr ein Talent, dessen Geheimnis darin besteht, den Lehrern nicht nur Freude zu machen, sondern sogar Freude an ihnen zu haben. Wer zweifelt noch daran, daß dies besondere Eignung voraussetzt?

Am liebsten rufe ich Erinnerungen an das erste Schuljahr wach ...

Denn jener Schritt, mit dem ich über die Schwelle des Klassenzimmers stolperte, daß die Zuckertüte ihre bunte Spitze und ihren süßen Inhalt verlor – jener Schritt bedeutete das Heraustreten des Kindes aus dem engen Kreis der Familie in die Bezirke des öffentlichen Lebens; jener Schritt galt gewissermaßen der erstmaligen Ausübung staatsbürgerlicher Pflichten.

Ich wage nicht zu behaupten, daß mir damals die ganze Schwere jenes stolpernden Schrittes klar zum Bewußtsein gekommen wäre. Das wohl nicht. Aber im Herzen des zum Bürger geborenen Kindes muß sich dergleichen instinktiv geltend machen, ehe es mit dem Kopfe begriffen wird. So erging es mir. –

Und ähnlich, wie ich die Bedeutung des Schulbeginns empfand, sollte ich bald auch die der Persönlichkeit nachteiligen Folgen des öffentlichen Lebens spüren. –

Der Lehrer meines ersten Schuljahres hieß Bremser. Genauer: Herr Bremser.

Ihm verdanke ich wesentliche Förderungen. Sein Name soll mich nicht ungerecht machen. Ohne jede Übertreibung darf ich sogar sagen: Ich habe seitdem nicht mehr allzuviel hinzugelernt. Natürlich einzelne Dinge, tausend Zahlen, windige Neuigkeiten, das wohl. Doch was ich ihm verdanke, ist weit mehr. Er lehrte mich die Wirklichkeit sehen: er ließ mich wissen, daß nichts ohne Ursachen und Folgen geschieht, und daß die Fantasie ein Organ ist, das weggeschnitten zu werden verdiente, da es doch nichts nützt und, wenn es sich bemerkbar macht, schlimme Erkrankungen hervorruft.

Und das kam so: Die letzte Stunde vor den Osterferien – ein ganzes Jahr war bereits verflossen –, diese letzte Stunde wurde weder mit komplizierten Schreibübungen, noch mit einstelligen Rechenkünsten zugebracht, sondern mit improvisierten Darbietungen des Lehrers selber. Eine fraglos schöne alte Sitte. Er ging so weit, daß er uns fragte, was er denn nun erzählen solle.

Wie ein Magier, der jeden Wunsch zu erfüllen imstande ist, lehnte er seine halbkugelrunde Weste gegen die Bordkante des Katheders und ließ Blicke väterlicher Güte über die kleinen Männer gleiten. Da zuckte es in den vorschriftsmäßig gefalteten Händen; da wurden die arglosen Gesichter nachdenklich; da gingen die wunderlichsten Wünsche und Rätsel hinter den sauber gekämmten Haarschöpfen spazieren.

Herr Bremser war die Geduld in Person. Ermunternd wanderten seine Augen von einem zum anderen. Schließlich sagte irgendein munteres Stimmchen: »Etwas vom Osterhasen!« Dieser Wunsch war, da Ostern vor der Schultür stand, vollkommen begreiflich. Und ebenso begreiflich war es, daß alle einverstanden waren. Jeder war willens, etwas vom Osterhasen zu hören. Freilich nicht die allgemein bekannten Tatsachen vom Legen, Färben und Verstecken der Eier, nein, etwas Apartes! Am liebsten eine kleine spannende Geschichte, in der jener wundervolle Hase die Heldenrolle spielen sollte…

Herr Bremser nickte mit dem Kopf, schwenkte das eine Bein über die Kathederecke, wie er das so zu tun liebte, schaute sinnend in den Schulgarten hinaus, der schon zu grünen anhub, räusperte sich und fragte: »Ja, glaubt ihr denn noch an den Osterhasen?« Und von dem Bedürfnis hingerissen, Kinderpsychologie experimentell zu betreiben, fuhr er fort: »Also – wer noch an den Osterhasen glaubt, der hebe die Hand!« Schon reckte er den Arm, um besser zählen zu können. –

Aber niemand hob die Hand … So sicher es war, daß alle an den Osterhasen glaubten, so klar wurde es ihnen plötzlich, daß dieser Glaube ein Zeichen von Dummheit sei. Welcher Mensch aber hat den Mut, sich zu seiner Dummheit zu bekennen? Und gar welches Kind?

Mit einem Male wußten alle, daß es keinen Osterhasen gab. Niemand wußte noch, wie sich das Eierlegen sonst erklären lasse. Nun, diesen Bildungsdefekt zu beheben war das Werk einer kurzen Stunde.

Der radikale Inventurausverkauf unseres Märchenglaubens kam überraschend. Ich kann es nicht leugnen. Und daß ich zu Hause schrecklich geheult habe und daß meine Mutter sehr geschimpft hat, weiß ich noch recht gut.

Aber, nicht wahr, was will das besagen gegenüber der Tatsache, daß man uns an diesem Tage menschenunwürdigen

Einbildungen entriß! Nun waren wir doch auf der kerzengeraden Marschroute in den Konfirmationsanzug! Noch ein paar Jahre Addieren und Dividieren, Bibelsprüche und Gesangbuchverse, Jangtsekjang und Ludwig den Bayern – das war das wenigste…

An jenem Tage ging eine neue Sonne auf und eine alte Welt unter…

Im Ernst: Wenn ich meinem Lehrer noch einmal begegnen sollte – der Wahrscheinlichkeitsrechnung nach kann er noch rüstig am Leben sein –, ich würde ihm sagen: »Werter Herr! Sie waren seinerzeit so liebenswürdig, mich etwas plötzlich auf die Wirklichkeit vorzubereiten, als Sie den Osterhasen umbrachten. Beim Fortschritt der Menschheit, an den Sie glauben, das war für mich ein wenig hart. Und wüßte ich, daß Sie noch heute an jenen Fortschritt glauben – ich bin gern bereit, Sie von diesem Märchen zu erlösen. Eine Liebe ist der andern wert.«

Aber er wird mir nicht begegnen. Und das ist ebenso gut. – Heute hat sich wohl auch das geändert. Heute sagen die Kinder, während sie zur Welt kommen, zu ihren Eltern: »Also, daß ihr es wißt! Die Geschichte mit dem Storch, die könnt ihr euch schenken! Apropos, was haltet ihr vom Darwinismus?«

Ja, der Fortschritt …

Erich Kästner

$\mathcal{K}$ inderfragen zum Brauchtum

Gerade im Umkreis der christlichen Feste gedeiht durchaus Unchristliches. wir sprechen leichthin vom Brauchtum, doch dessen heidnische Herkunft ist unverkennbar. wie reimt sich beides zusammen? Im Ursprung wohl so, daß Kreuze und Klöster auf den Trümmern älterer Heiligtümer errichtet wurden; die Kirche trat bewußt und buchstäblich an die Stelle des Heidentums. Entsprechend haben die christlichen Feste jene Wendemarken im Kreislauf der Natur besetzt, an denen immer und überall das Bedürfnis mächtig wird, Unheil abzuwenden und das Heil in der Ordnung der Welt neu zu begründen. Weisheit, die Einsicht ins schlechthin Menschliche läßt den Glauben wie seine Vorläufer und Begleiter aus der gleichen Quelle schöpfen.

Das Bild von der Quelle führt uns sofort zum Beispiel: zum Osterwasser. Seine Verwandtschaft mit christlichem Weihwasser ist unverkennbar und braucht keinen Kommentar. Allenfalls drängt die Frage sich auf, warum die protestantische Kirche hier wie bei manchem anderen so viel spröder geblieben ist als ihre ältere Schwester, mit dem Ergebnis, daß sie das Feld fast kampflos dem Heidnischen überließ.

Das Osterwasser wird am Ostermorgen, kurz vor Sonnenaufgang, von den Mädchen des Dorfes an einer Quelle geschöpft. Das Quellwasser muss nach Osten, zur Sonne hin fließen und gegen die Strömung geschöpft werden. Dann wird es in Eimern nach Hause getragen. Wer sich mit dem Osterwasser wäscht, der bekommt oder behält das Jahr über eine reine Haut ohne Pickel und bleibt überhaupt von

Krankheiten verschont. Auf manch einem Bauernhof wird sogar das Vieh mit Osterwasser getränkt, damit es gedeiht.

Nun hat die Sache allerdings einen Haken. vom Schöpfen an der Quelle bis zur Verwendung des Osterwassers dürfen die Mädchen weder lachen noch kreischen, noch reden. Sie müssen absolut stumm bleiben, sonst verwandelt sich das heilsame Osterwasser in wertloses »Schlatterwasser«; der Ausdruck verweist auf Schlattern – plattdeutsch: schlarre –, aufs Schnattern und Sprechen. Aufgabe oder jedenfalls Ehrgeiz der Burschen im Dorf aber ist es, den Mädchen aufzulauern, sie zu erschrecken, damit sie aufschreien, oder sie durch Fangfragen zum Reden, durch Faxen zum Lachen zu bringen. Wieviel Osterwasser verwandelt sich da nicht in Schlatterwasser!

Klaus Granzow berichtet vom Unheil kurz vor dem guten Ende: Ein Mädchen ist mit seinem Eimer glücklich bis nach Haus gekommen. In der Küche trifft es auf die Bäuerin, und triumphierend ruft es ihr zu:

»Ick hew dat schafft! Ich hew dat Osterwaoter bet naoh Huus bröcht!«

Da kann die Bäuerin nur lachend antworten: »Nu geit dat Waoter man werrer ut, denn nu is dat Schlarrerwaoter, wiel du tauletzt doch noch schlarret hest!«

Das Duell der Mädchen und Burschen hat in der Osternacht schon vor dem Osterwasserholen begonnen: bei Schmackostern oder beim Stiepen. Die Burschen ziehen mit Birkenruten durchs Dorf und versuchen, bei den Mädchen einzudringen, um sie mit den Ruten durchzustiepen. Die Mädchen wissen natürlich, was sie erwartet. Sie verbarrikadieren ihre Türen oder empfangen die Eindringlinge am Fenster mit einem Eimer voll Wasser.

Auch die Kinder kommen zu ihrem Recht; sie dürfen Oster-

ruten zu Verwandten oder den Paten austragen. Diese Osterruten bestehen aus Birkenzweigen, die schon Wochen zuvor
geschnitten und ins Wasser gestellt wurden, damit sie zum
Fest ergrünen. Erste Frühlingsblumen und bunte Bänder
ergeben zusätzlichen Schmuck. Mit diesen Osterruten
erscheinen die Kinder frühmorgens vor den Betten der
Erwachsenen und sagen – zum Schein drohend vor den zum
Schein tief erschrockenen Onkeln und Tanten – Verse auf,
etwa diesen:
»*Stiep, stiep, Osterei,*
ich bitte um ein Kakel-Ei,
gibst du mir kein Osterei,
stiep ich dir das Hemd entzwei!«

Christian Graf von Krockow

Osterhas

Sprang der Osterhas
Durch die grünende Welt;
Kinder und Verliebte
Suchten im sonnigen Feld.

Welch ein schönes Nest
Hat mein Liebchen entdeckt!
Unterm Veilchenbusch
Fein war es versteckt.

Viele schöne Eier
Lagen glänzend drin,
Und mein jubelndes Liebchen
Kauerte neben es hin.

»Eier rosenrot!
Eier himmelblau!
Keins von ihnen schwarz!
Keins von ihnen grau!«

Die rosenroten
Waren voll Küsse,
Die himmelblauen
Waren voller Lieder –
Und Dämmerung ward es,
Eh wir nach Haus kamen.

Wilhelm Raabe

Häschen in der Grube

Häs-chen in der Gru - be saß und
schlief. saß und schlief. Ar-mes Häs-chen,
bist du krank, dass du nicht mehr hüp-fen kannst?
Häs-chen, hüpf! Häs-chen, hüpf! Häs-chen, hüpf!

2. Häschen, vor dem Hunde hüte dich!
Hat gar einen scharfen Zahn,
packt damit mein Häschen an.
Häschen, lauf! Häschen, lauf!
Häschen lauf!

T.: Frierich Wilhelm August Fröbel
M.: Volkslied

Welt in einem Ei

O Welt im Ei, von Haut
Und Schale rings umgeben!
Wenn dich die Sonne schaut,
Beginnt dein freieres Leben.

Dann lebst du, wie dein Ahne will,
Als Strauß, als Fisch, als Krokodil,
Als Huhn ein Mehrerwachen,
Ein größeres Glück und größere Qual
In einem weiteren Oval.
Bis neue Schalen krachen.

O Welt in einem Ei,
Wie Wichtiges entscheidet sich,
Geht deine Wand entzwei.
Vielleicht verschlingt man, kocht man dich,
Ißt dich mit Senf, mit Kaviar
(Störs ungezählten Eiern!).

Und wenn sie Ostern feiern,
Die dich verschlucken roh und gar,
Dann lachen sie und spaßen
A conto Osterhasen.
Doch wer von ihnen denkt dabei
An dich, du Mikrowelt in einem Ei?!

Joachim Ringelnatz

Fünf Merksätze für den Umgang mit Osterhasen

1. Wenn du einem Osterhasen begegnest, der sich nicht von der Stelle rührt, dann ist er wahrscheinlich aus Plüsch oder Schokolade. Es gibt zwei Osterhasentests:
Der Dauertest: Setze dich eine Stunde regungslos dem verdächtigen Hasen gegenüber. Wenn er sich nicht rührt, dann ist er nicht echt.
Der Pustetest: Nimm eine Pusteblume und puste die Fallschirmchen in Richtung Hasennase. Wenn der Hase niest, dann ist er echt.
Merke: Osterhasen, die niemals hüpfen und niesen, sind wahrscheinlich falsch.

2. Wenn du einem Osterhasen begegnest, der durch den Krautacker hoppelt oder über den Feldweg flitzt, dann handelt es sich in siebenundneunzig von hundert Fällen um einen wilden Hasen. Mit folgendem Test kann man Osterhasen und wilde Hasen unterscheiden. Winke dem Hasen zu, und rufe: »Danke, lieber Osterhase, für die schönen Sachen«. Wenn er zurückwinkt und ruft: »Nichts zu danken, man tut nur seine Pflicht!«, dann ist es ein wilder Hase, der sich verstellt.
Merke: Osterhasen geben sich nie als Osterhasen zu erkennen.

3. Behaupte niemals, daß es in Wirklichkeit keine Osterhasen gibt. Sie haben nämlich lange Ohren und können dich hören.
Merke: Osterhasen sind sehr schnell beleidigt.

4. Versuche nie, Osterhasen zu beobachten. Sollte es dir tatsächlich gelingen, einen bei der Arbeit zu ertappen, so glaubt dir das sowieso niemand. Und Geschichten, die einem niemand glaubt, taugen nicht viel.
Merke: Osterhasen haben ein Recht auf ungestörte Arbeit.

5. Wenn ihr drei Kinder seid und am Ostersonntag bloß zwei Nester findet, dann fangt bloß keinen Streit an. Sucht weiter. Irgendwo hat der Osterhase sicher noch ein drittes Nest versteckt.
Merke: Osterhasen haben ein gutes Gedächtnis und können ausgezeichnet zählen.

Norbert Landa

ätselhaftes Ostermärchen

Der Frackverl0her H0nrich Osterm00 kehrte am ersten Osterf00tage sehr betrunken h0m. S0ne Frau, 0ne wohlbel0bte kl0ne Dame, betrieb in der Kl0ststraβe 0nen 00handel. Sie empfing H0nrich mit den Worten: »0, 0, m0n Lieber!« Dab0 drohte sie ihm lächelnd mit dem Finger. Herr Osterm00 sagte: »Ich schwöre 0nen h0ligen 0d, dass ich nur ganz l0cht angeh0tert bin. Ich war b0 0ner W0hnachtsf0er des Ver0ns Fr0g0stiger Frackverl0her. Dort hat 0nes der Mitglieder anlässlich der Konfirmation s0ner Tochter 0ne Maibowle spendiert, und da habe ich denn sehr viel Rh0nw0n auf das Wohl des verehrten Jubelgr0ses trinken müssen, w0l man ja nicht alle Tage zw0undneunzig Jahre alt wird.« Frau Osterm00 schenkte diesen Beteuerungen k0nen Glauben, sondern sagte nochmals: »0 0, m0n Lieber!« Worauf ihr Papag0 die ersten zw0 Worte »0 0« wohl dr0βigmal laut wiederholte. Über das Geschr0 des Papag0s geriet H0nrich in solche Wut, dass er 0n B0l ergriff und sämtliche 0000 zerschlug. Frau Osterm00 wurde kr0debl0ch und lief, triefend von 0gelb, zur Poliz0. Ihr Mann aber ließ sich erschöpft auf 0nen Stuhl nieder und w0nte l0se vor sich hin. Bis ihm der Papag0 von oben herab 0n Oster0 in den Schoβ warf. Da war alles vorb0.

Joachim Ringelnatz

$\mathcal{F}$ünf Männlein …

Fünf Männlein sind in den Wald gegangen,
sie wollten den Osterhasen fangen.
Der erste, der war so dick wie ein Faß,
der brummte immer: »Wo ist der Has'?«
Der zweite, der schrie:
»Da! Da sitzt er ja!«
Der dritte, der war der längste,
aber auch der bängste.
Der fing an zu weinen:
»Ich sehe keinen!«
Sprach der vierte: »Das ist mir zu dumm,
ich kehre wieder um!«
Der Kleinste aber – wer hätte das gedacht?
Der hat's gemacht,
der hat den Hasen nach Hause gebracht.
Da haben alle Leute gelacht:
»Ha, ha, ha, ha!«

Volksgut

Der Hase Harald

Wer glaubt denn an den Osterhasen?« fragte Ulla verächtlich, »und außerdem: Süßigkeiten sind extrem schädlich.« Mimi wußte nicht, was extrem ist, aber sie tat so, als ob sie gar nicht hörte, was ihre größere Schwester sagte, die sich im Flurspiegel von allen Seiten musterte und stöhnte: „Ich kann mir auch nach Ostern keinen einzigen Happen Marzipan oder Schokolade leisten. Diese ganze Fasterei hat gar nichts gebracht.«

»Ulla!« sagte die Mutter scharf.

»Ja, ja«, seufzte Ulla, »wenn ich so alt und so dünn bin wie du, dann faste ich auch aus Frömmigkeit.«

Die Mutter zog nur eine Grimasse, und dann vergingen die Tage plötzlich ganz rasch, und es war Karsamstag und Ostersonntag, und die Sonne schien, und es gab ein ganz spätes Sonntagsfrühstück mit Hefezopf und Kakao und weichen Eiern, und dann sagte der Vater: »Ich glaube, im Garten war der Osterhase.«

»Ich denke, den gibt's gar nicht«, platzte Mimi heraus.

»Und was würdest du sagen, wenn du seine Spuren entdecken könntest?«

»Was für Spuren?« fragte Mimi misstrauisch.

»Natürlich Ostereier, du Karnickel!« rief Ulla.

Also gingen sie in den Garten, und wahrhaftig, hinter den Forsythien lag ein gelbes Ei, das sie fand: »Sicher hundert Kalorien! Und wenn Nougat drin ist, katastrophale hundertfünfzig oder zweihundert!«

Mimi möchte das nicht mehr hören. Eigentlich war es ganz

still und die Luft so lind wie im Frühling, und die Erde roch nach Nässe und Laub. Mimi ging tiefer in den Garten hinein, und dort beim alten Brunnen im Efeu entdeckte sie ein Nest aus Ranken und Moos, und in diesem Nest saß ein Hase. Er war so groß wie Mimis Faust und ganz aus Marzipan, und er hatte richtige Augen aus Glas und funkelte Mimi an.

Mimi kauerte sich vor ihn hin und sagte: »Du heißt Harald, und ich esse dich nie und nimmer auf.«

Sie blieb vor ihm hocken und streichelte seinen weichen Marzipanrücken, aber dann rief Ulla: »Wo ist denn unser Kleinchen? Doch nicht etwa in den Brunnen gefallen, oder?« Da sah sie den Hasen und schrie: »Oh, ein Hase! Ein riesiger Hase aus Marzipan! Sicher zehntausend Kalorien oder noch mehr!« und wollte nach ihm greifen.

Da zischte Mimi: »Das ist mein Hase Harald!«

»Huch!« machte Ulla beleidigt, »aber Mama hat gesagt, wir sollten alles teilen, was der Osterhase gebracht hat.«

Plötzlich fühlte sich Mimi wie ein Löwe. Sie legte die Hand auf den Hausen Harald und funkelte Ulla ebenso an, wie der Hase funkeln konnte. »Wieso redest du auf einmal vom Osterhasen?« fragte sie aufsässig, »aber von mir aus kannst du alles andere haben. Ich nehme Harald.«

Verblüfft musterte Ulla die jüngere Schwester und sagte langsam: »Sieh mal einer an, unser Kleinchen zeigt die Krallen! Na gut! Du mußt ja wissen, wovon du dir deine Kalorienbilanz verderben willst.«

»Hase Harald wird niemals aufgegessen«, antwortete Mimi. Aber Ulla gab keine Ruhe. Jeden Tag fragte sie: »Was macht der Hase Harald? Schon vertrocknet? Schon schimmelig und stinkig? Schon die Augen aus dem Kopf gefallen?« war aber die Mutter in der Nähe, so hielt Ulla ihren Mund.

Mimi hatte das Moos aus dem Efeunest in ein Körbchen

gelegt und den Hasen Harald in den weichen Korb gebettet. Er wohnte im Puppenhaus, im Schlafzimmer, weil das die größte Stube war, und der Puppenstubenvater und die Puppenstubenmutter mußten mit ihren Betten in die Küche umziehen, weil der Hase Harald sonst nicht in ihr Schlafzimmer gepaßt hätte.

Jeden Abend, bevor sie schlafen ging, spielte Mimi ein bißchen mit dem Hasen Harald, und der funkelte sie mit seinen blanken Augen an.

Allmählich waren die Ostereier aufgegessen, auch von Ulla, und weil sie behauptete, dadurch ein halbes Kilo zugenommen zu haben, knabberte sie nun nur noch rohe Mohrrüben und Selleriestangen und sagte: »Das solltest du dem Hasen Harald auch zu fressen geben!«

»Lass uns in Ruhe!« sagte Mimi und deckte den Hasen Harald mit einem Taschentüchelchen sorgfältig zu.

Ulla aß nur noch Rohes und Geraspeltes, was die Mutter auch sagte, und wurde jeden Tag zappeliger und zu allen eklig, auch zu Mimi. »Das ist ja krankhaft, so mit einem Marzipanhasen zu spielen! Marzipanhasen sind zum Aufessen da.«

»Es ist mein Hase Harald«, sagte Mimi und nahm seinen Korb aus dem Puppenhaus.

»Wohin schleppst du ihn denn jetzt?« fragte Ulla, »in die Küche? Zum Schlachter?«

Mimi wußte nicht, wohin sie den Hasen Harald tragen sollte, nur fort von Ulla, der vor lauter Mohrrüben schon das Wasser im Munde zusammenlief, wenn sie den Marzipanhasen nur sah. Aber die Küche kam Mimi als Versteck gar nicht so schlecht vor. Sie wartete, bis Ulla über den Schularbeiten saß, dann schob sie den Hasen Harald in seinem Körbchen hinter die Vorratsgläser mit Ketchup und Senf.

Etwas später hatte Ulla Geburtstag, und sie lud wie immer

die halbe Klasse ein. Mimi kam es so vor, als ob die Wohnung aus den Nähten platzte, so laut schrien die Mädchen durcheinander, und es gab keinen Kuchen, sondern nur rohes Gemüse, das man in Joghurtsaucen stippen konnte.

Mimi beschloß, sich auf den Dachboden zurückzuziehen, bis alles vorbei wäre, und sie zerrte sich die Koffer zu zurecht, daß sie ganz gemütlich sitzen und lesen konnte. Dabei fiel ihr ein, daß die Kofferkammer das beste Versteck für den Hasen Harald wäre.

Sie lief wieder hinunter, und als sie in die Küche kam, hörte sie, wie Ulla gerade sagte: »… von unserem Kleinchen, stellte sich irre damit an«, und sah, daß die Mädchen den Hasen Harald entdeckt und auf ein Holzbrett gelegt hatten. »Jeder einen Happen«, schrie ein Mädchen, »bei deiner Rohkost wird man ja sonst ohnmächtig vor Hunger!«

»Nein!« rief Mimi, aber schon hatten die großen Mädchen sie im Schwitzkasten und hielten ihr den Mund zu. Sie gaben sie erst wieder frei, als nur noch die schwarzen Augen übrig waren.

Ein Mädchen rieb sich die verschrammte Wade und sagte streng: »Wenn du nicht so getreten und gebissen hättest, wär für dich auch noch was dabei gewesen.«

Mimi schrie so, daß es die Mädchen mit der Angst bekamen und die Mutter riefen, und Mimi schrie weiter, bis sie heiser war und so verschwollene Augen hatte, daß sie gar nicht mehr gucken konnte. »Mein Hase Harald!« wimmerte sie schließlich nur noch, ununterbrochen und immer wieder: »Mein Hase Harald!«

Die Mutter machte kalte Umschläge mit Kamillentee, und Ulla drückte sich an der Tür herum und sagte jammervoll: »Ich habe Bauchschmerzen.«

»Da bist du selbst dran schuld«, sagte die Mutter, »steh

nicht so rum! Nimm Wasser und Seife und einen Lappen und putz das Joghurtzeugs aus dem Teppich!«

Irgendwann schlief Mimi ein, und sie träumte von Senf und Marzipan und Mohrrüben, und immer wenn sie aufwachte, saß die Mutter neben ihr. Und dann war Morgen, der Wasserkessel klapperte, also war die Mutter in der Küche. Aber es roch ganz in der Nähe nach Zahnpasta, und als Mimi die verklebten Augen ganz aufmachte, sah sie Ulla, die dicht neben ihr stand. »Ich hasse dich!« flüsterte Mimi erschöpft und machte die Augen wieder zu.

»Ja, ich weiß«, sagte Ulla und ging aus dem Zimmer.

Mimi schlief wieder ein. Der Vormittag verging, und Mimi schlief. Ulla kam aus der Schule, und Mimi schlief immer noch, und die Mutter sagte: »Laß sie um des Himmels willen schlafen, das ist das mindeste, was du für deine kleine Schwester tun kannst.«

Aber Ulla schlich trotzdem ins abgedunkelte Schlafzimmer und stellte sich wieder neben Mimis Bett. Sie sah, wie ihre Augenlider flatterten, und sie sage: »Die anderen haben mir aufgetragen, ich sollte dir sagen, dass es ihnen leid tut. Aber ich – eigentlich war ja nur ich … die anderen wollten dir einen neuen Hasen kaufen, aber ich hab gesagt: bloß nicht! Und deshalb sind wir zu Spielzeug-Rasch gegangen und haben dir das hier ausgesucht.«

Das war ein brauner Affe. Eine Handpuppe, und er hatte ein samtweiches Fell und schwarze Knopfaugen. Seine Mundwinkel waren gerade so nach oben gebogen, als ob er gleich lächeln wollte, und Mimi lächelte zurück, ob sie es wollte oder nicht.

Da sagte Ulla: »Ich sag nie wieder Kleinchen zu dir.«

»Ist schon gut«, antwortete Mimi, »wie wollen wir ihn denn nennen?«

Sie nannten ihn Achim, und dann aßen sie zu Mittag, was ihnen die Mutter gekocht hatte, denn beiden knurrte der Magen, und Achim heißt der Affe heute noch.

Sybil Gräfin Schönfeldt

er erste Ostertag

Fünf Hasen, die saßen
Beisammen dicht,
Es machte ein jeder
Ein traurig Gesicht.
Sie jammern und weinen:
Die Sonn will nicht scheinen!
Bei so vielem Regen,
Wie kann man da legen
Den Kindern das Ei?
O weih, o weih!
Da sagt der König:
So schweigt doch ein wenig!
Laßt Weinen und Sorgen,
Wir legen sie morgen!

Heinrich Hoffmann

ie Häschenbraut

Es war einmal ein Frau, die besaß einen wunderschönen, großen Garten, in dem der köstlichste Grünkohl weit und breit wuchs. Da Grünkohl bekanntlich am besten schmeckt, wenn er etwas Frost abbekommen hat, ließ die Frau die Kohlköpfe bis in den Herbst hinein im Garten stehen. Jeden Tag zählte sie ihre Kohlköpfe nach. Eines Morgens aber fehlte einer. Die Frau mochte es gar nicht glauben, doch am nächsten Morgen war schon wieder ein Kohlkopf weg, am übernächsten ein dritter, und so ging es immer weiter. Da ärgerte sich die Frau sehr.

»Tochter!«, rief sie. »Von heute an sollst du die Kohlköpfe hüten. Stell dich an dein Kammerfenster, und paß gut auf!«

Die Tochter gehorchte. Als es nun Abend wurde und die Schatten länger wurden, hoppelte ein Hase heran, mümmelte einen Kohlkopf und wollte gerade wieder verschwinden. Da lief ihm das Mädchen eilig hinterher.

»Halt! Halt! Was fällt dir ein, unseren Kohl zu stehlen?«

Der Hase starrte das Mädchen aus seinen großen Augen an, pfiff bewundernd und rief: »Komm her, Mädchen! Setze dich auf mein Hasenschwänzchen. Dann nehme ich dich mit zu meinem Hasenhäuschen. Da wartet eine Überraschung auf dich!«

Aber das Mädchen lachte nur und rannte ins Haus zurück. Nie und nimmer wollte es auf einem Hasenschwänzchen sitzen.

Die Mutter, die vor dem Kaminfeuer geschlafen hatte, sah die Tochter fragend an. »Hast du den Hasen verjagt?«

»Ja«, sagte das Mädchen. »Aber er wollte mich in sein Hasenhaus mitnehmen.«

»Wie das?«, rief die Mutter.

Da erzählte ihr das Mädchen alles, was der Hase gesagt hatte.

Die Mutter hörte gut zu, dann zog sie das Mädchen zu sich auf die Ofenbank und meinte: »Was mag er wohl in seinem Hasenhaus haben? Was kann es nur sein?«

Am nächsten Abend kam der Hase schon etwas früher, hoppelte in den Garten und machte sich über den dicksten Grünkohl her.

»Er ist schon wieder da«, sagte das Mädchen. »So ein unverschämter Hase ist mir noch nie begegnet.«

»Geh hinaus und jage ihn fort!«, rief die Mutter.

Das Mädchen wagte nicht zu widersprechen. Doch kaum zeigte es sich im Garten, pfiff der Hase wie beim ersten Mal durch die Zähne und sagte: »Komm, Mädchen! Setze dich auf mein Hasenschwänzchen. Dann bringe ich dich in mein Hasenhäuschen.«

Erschrocken lief das Mädchen ins Haus zurück und versteckte sich.

»Dummes Ding!«, schalt die Mutter. »Vielleicht ist er gar kein Hase, sondern ein Prinz, und du könntest dein Glück machen.«

Als der Hase am dritten Abend wieder kam, hatte er sein Schwänzchen gebürstet, so daß es wie eine weiße Wolke aussah.

Und kaum trat das Mädchen aus dem Haus, da rief der Hase auch schon:

»Komm her, Mädchen! Setze dich auf mein Hasenschwänzchen. Dann bringe ich dich zu meinem Hasenhäuschen.«

Und diesmal setzte sich das Mädchen auf das Hasenschwänzchen, und der Hase trug es so schnell wie der Wind zu seinem Häuschen.

Dort angekommen, lud er gleich all seine Freunde ein. Der Hase wollte das Mädchen nämlich auf der Stelle heiraten, so gut gefiel es ihm. Da kamen viele Hasen herangehoppelt. Allen voran stolzierte die Krähe. Sie trug einen schwarzen Rock und sollte der Pfarrer sein, der den Hasen und das Mädchen traute. Ein Stück hinter den Hasen schlich der Fuchs heran. Er sollte die Hochzeitsglocken läuten.

Als nun das Mädchen sah, daß der Hase kein verzauberter Prinz, sondern wirklich ein Hase mit zwei langen Löffeln war, brach es in Tränen aus.

»Ach, ich armes Ding. Soll ich denn eine Häschenbraut werden und Hasenkinder bekommen? Wäre ich doch nie auf dem Hasenschwänzchen geritten!«

Da streckte der Hase den Kopf mit den langen Löffeln zur Brautkammer herein. »Alle warten auf dich! Komm heraus, damit wir Mann und Frau werden.«

Aber das Mädchen gab keine Antwort. Es weinte und weinte.

Da ging der Hase zur Hochzeitsgesellschaft und sagte: »Es dauert nicht mehr lange. Die Braut wäscht sich nur noch die Augen aus.«

Nach einer Weile schaute er wieder zur Brautkammer herein und drängte. Doch das Mädchen blieb auf der Ofenbank sitzen, und der Hase mußte seine Gäste wieder vertrösten.

Als der Hase dann zum dritten Mal zur Tür hereinschaute, war er recht zornig. »Jetzt komm endlich!«, rief er. »Die Gäste sind das Warten schon leid. Wenn du nicht gleich kommst, dann hole ich dich!«

Da hob das Mädchen endlich den Kopf, wischte sich die Tränen ab, und sage: »Nur noch ein kleines Weilchen, dann komme ich.«

Vergnügt sprang der Hase davon und rief allen Gästen zu, sie sollten schon das Hochzeitslied anstimmen, denn die Braut komme gleich.

Das Mädchen aber suchte alles Stroh, das es gerade finden konnte, zusammen und band eine Puppe daraus. Die war genauso groß wie das Mädchen selbst. Dann zog es alle seine Kleider aus, bis es nur noch in der Unterwäsche dastand, und legte der Strohpuppe den Rock, die Bluse, die Strümpfe, die Schuhe und zuletzt das Kopftuch an. Rasch setzte es die Strohpuppe auf die Ofenbank. Das Mädchen aber sprang, so wie es war, zum Fenster hinaus und lief zur Mutter nach Hause.

Als nun der Hase zum vierten Mal in die Brautstube schaute, sah er das Mädchen noch immer auf der Ofenbank sitzen. Ärgerlich sprang er auf es zu, gab ihm einen Schubs und rief: »Muß ich dich denn erst holen kommen?«

Da fiel die Braut auf der Stelle um. Und der Hase stellte erschrocken fest, daß es eine Strohpuppe war. Kein Streicheln oder Liebkosen konnte sie in ein Mädchen zurückverwandeln.

Traurig hoppelte der Hase zu seinen Hochzeitsgästen hinaus und schickte alle wieder nach Hause. Grünkohl mochte er von diesem Tag an niemals mehr fressen.

Nach dem plattdeutschen Märchen »Häsichenbraut« der Brüder Grimm

Osterlied

Has, Has, Osterhas,
wir möchten nicht mehr warten!
Der Krokus und das Tausendschön,
Vergißmeinnicht und Tulpe stehn
schon lang in unserm Garten.

Has, Has, Osterhas,
mit deinen bunten Eiern!
Der Star lugt aus dem Kasten raus.
Blühkätzchen sitzen um sein Haus.
Wann kommst du Ostern feiern?

Paula Dehmel

Die Ostereier des Güterbuben

So verstrich mir der Winter. Er war hart und kalt gewesen, aber gegen das Ende des Märzes wurde es milde, die Erde taute auf, Märzenglöcklein blühten, die Bachteln (Glockenblumen) wuchsen wunderschnell empor. Oh, wie freute ich mich darüber, denn bald kam Ostern, da hoffte ich auf Eier, hoffte sie recht schön zu sieden mit Brasilienholz, Bachtelnkraut und Zwiebelhüllen darum zu binden, daß sie geflammt würden und schöne weiße Kreuze erhielten. Ostereier waren im ganzen Jahr immer meine größte Freude gewesen, wochenlang vor Ostern konnte ich an nichts anderes sinnen als an das halb Dutzend Eier, welche ich erhielt, und wenn ein Huhn gaggelte, gaggelte ich jubelnd mit. Wie wohlfeil ist doch Kinderfreude und wie schön, und wie traurig, daß selten alte Leute sich nicht mehr recht freuen können, höchstens noch mit den Kindern; aber das Traurigste ist wohl, auch mit den Kindern sich nicht mehr recht freuen zu können, an ihren Freuden sich zu ärgern und die unschuldigste zu verbittern. Nein, das ist noch nicht das Traurigste, sondern das ist es, daß man diese Herzensbitterkeit, diese Freudlosigkeit für Gottseligkeit des Alters ausgibt, welche über die Welt und die Gottlosigkeit der Jugend seufzt. Das ist wahrlich eine finstere Gottseligkeit, welche nicht für den heiteren Himmel paßt, in welchem der liebe Heiland seinen Kindern Wohnung bereiten will.

Die Bäuerin hatte viele Eier bekommen; die vollen Krätten betrachtete ich mit großem Respekt und dann Ei um Ei, welches wohl das Stärkste sein möchte. Am Ostersamstag machte man Vorbereitungen zum Sieden, die Kinder jubelten und brachten, was sie um die Eier gebunden wünschten. Ich dachte nichts anderes, als auch welche zu erhalten. Sobald ich vom Kinderhüten entrinnen konnte, eilte ich auch und pflückte im grünenden Baumgarten, was mir schön schien, und über manchen Fund ganz glücklich, brachte ich eine Handvoll Blümchen und Kräuter aller Art der Bäuerin in die Küche.

Verwundert fragte die, was ich damit wolle, und als sie meine Meinung hörte, sagte sie: »Was bildist dir i, myni Hühner legge o für di? Ohä, das wär e neue Mode, em Bueb no ga Eier z'siede, u bsonders am settige, dä dKing geng z'brülle macht, nix lert, nit folget u in der Schul alli Tag Schläg übercho het! Nei, Bueb, sövli dumm si mr notti nit, und settig Flause bild dr nit y!« Da war mir, als ob ich aus dem Himmel gefallen wäre: keine Eier an der Ostern, das war mir fast wie kein Ätti mehr; für Vorwürfe, Schläge war ich sonst ziemlich unempfindlich geworden, aber das griff tief ein, Ostern und keine Eier, das wollt mir fast das Herz brechen. Anhalten konnte und mochte ich nicht, ich war nicht mehr gewohnt zu flattieren, ich wurde auch nicht sowohl wehmütig als zornig, heulte mehr, als ich weinte, und nach und nach bildete sich die Überzeugung in mir, daß ich Eier haben müsse in jedem Fall.

Nach langem Sinnen fiel mir endlich ein, daß ich noch einen neuen schönen Batzen hätte vom Examen her; an demselben hatte ich sonst meine größte Freude gehabt, ein eigenes Säckeli für ihn gemacht und ihn oft betrachtet, wenn ich allein war, aber Eier waren mir doch noch lieber. Den holte ich, lief damit zu unsrer Ghusmanns Frau und bat sie, mir um den Batzen Eier zu geben. Ich war glühend rot vor Zorn, konnte kaum reden, und die Tränen liefen mir noch immer

über die Backen herunter, so daß die Frau wohl merkte, daß es etwas Besonderes gegeben haben müsse. Sie fragte mich, ich erzählte ihr mein Elend, wie es mir ergangen, wie ich jetzt Eier haben müsse und gerne den Batzen dafür gebe, wie lieb er mir auch wäre. Da sagte die gute Frau: »Los, Miaßli, bhalt du dy Batze, Eier verchauf ig dr keine, aber kumm i dStube, mr wei luege.« In der Stube erzählte sie ihren zwei Kindern, der Miaßli bekomme drüben keine Eier und hätte doch so gerne welche; er sei es arms Buebli, aber er habe ihnen nie etwas zuleid getan, im Gegenteil sie manchmal gegen den Johannesli in Schutz genommen; ob nun jedes ihm ein Ei geben wolle, eines behielte doch immer noch drei. Die gute Mutter hatte noch nicht ausgeredet, als ihre guten Kinder auf mich zusprangen und mir Eier gaben, nur das eine von ihnen fragte: »Gell, Müetti, ds schönste bruch ig ihm doch nit z'gäh?« und doch nach einigem Kampf gab es mir das, welches ihm am besten gefiel. Da ward mir wohl, und ich konnte wieder jemand freundlich ansehen, was lange nicht geschehen war, und recht von Herzen glücklich machten mich die Eier. Als der erste Eindruck vorüber war, fiel mir plötzlich ein, der Bäuerin nun zu zeigen, daß ich Eier bekommen auch ohne sie, und die erhaltenen ihr zu spienzeln, bis sie es merkte. Ich teilte meinen Einfall und meine Schadenfreude der Frau mit und wollte fort, die sagte aber: »Los, Miaßli, mach nit dir un üs Verdruß …«
Die gute Frau hatte mehr als recht. Den ganzen Abend konnte ich daheim in stiller Freude dem Lärm der Kinder mit ihren Eiern zusehen. Ich hatte wieder alle lieb, hatte mich doch auch jemand liebgehabt, gab über alles guten Bescheid und flattierte den kleinen mir Übergebenen so von Herzen, daß selbst die Bäuerin, die meiner sonst sich nur achtete, wenn ihre Kinder über mich brüllten, aufmerksam

wurde, mir ein Ei brachte und sagte: »Lue, da hest o eis, we ds ganze Johr so wärisch, su wärst eim o lieber un überschämist o meh.« Die Frau wußte auch nicht, daß ein Kind fast ist wie eine Orgel und die Töne hören läßt, welche man auf ihm anschlägt. Der Mensch kennt alle Dinge der Erde, aber den Menschen kennt er nicht, da scheint er aus lauter Dummheit zusammengesetzt zu sein.

Jeremias Gotthelf

ie Henne

Es war 'mal eine Henne fein,
Die legte fleißig Eier;
Und pflegte denn ganz ungemein,
Wenn sie ein Ei gelegt, zu schrein,
Als wär' im Hause Feuer.
Ein alter Truthahn in dem Stall,
Der Fait vom Denken machte,
War bös darob und Knall und Fall
Trat er zur Henn' und sagte:
»Das Schrein, Frau Nachbarin, war eben nicht vonnöten;
Und weil es doch zum Ei nichts tut,
So legt das Ei, und damit gut!
Hört, seid darum gebeten!
Ihr wisset nicht, wie's durch den Kopf mir geht.«
»Hm!« sprach die Nachbarin, und tät
Mit einem Fuß vortreten,
»Ihr wißt wohl schön, was heuer
Die Mode mit sich bringt, Ihr ungezognes Vieh!
Erst leg' ich meine Eier,
Denn *rezensier'* ich sie.«

Matthias Claudius

122

Ostern

Tja, liebe Leser, wenn Sie mich jetzt sehen könnten, aber Sie können mich ja nicht sehen, aber wenn Sie mich sehen könnten, dann würden Sie sagen, der sieht aber schön bunt aus. Ja, das kommt von der Farbe. Schon zwei Wochen vor Ostern ruft nämlich die Frieda immer, daß du mir am Ostersamstag schön zu Hause bleibst, da ist mal nichts mit Kunst und so, da werden nämlich Eier gefärbt. Schön, sage ich, wie viel denn? Also ich esse schon mal am 1. Feiertag morgens zwei, mittags zwei, zum Kaffee zwei und abends zwei, macht zusammen acht, am 2. Feiertag dasselbe, macht zusammen sechzehn, und das mal drei – unsere Familie besteht aus Vater, Mutter und einem Kind –, also sechzehn mal drei macht achtundvierzig, sagen wir, die kaputten mitgerechnet, macht fünfzig. Fünfzig Eier, sagt die Frieda, du spinnst. Einmal im Jahr ist Ostern, soviel ich weiß, sage ich, da soll das Ei leben, ein Hase ist ja auch nur ein Mensch. Also komm, sagt die Frieda, laß jetzt mal deine Späßchen, ich kaufe dreißig Eier, davon werden zwanzig gefärbt, dann muß sich jeder das eben ein bißchen einteilen. Fünfzig Eier, sagt die kleine Frieda, ich ess sowieso höchstens insgesamt vier. Na, sage ich, ihr seid mir rechte Asketen, so begeht man doch nicht Ostern, ei der Daus. also, sagt die Frieda, du brauchst gar nicht weiter dumm zu reden, dreißig Eier und damit basta, nachher müssen wir sie nämlich wieder alle essen. Also gut, sage ich, dreißig Eier, das ist für mich aber dann nur ein halbes Ostern, so wie Weihnachten ohne Schnee, aber wenn man die Schale mitißt, dann geht's ja. Hhmm, macht die

123

Frieda. Doch, sage ich, das soll sehr gesund sein, wie bei Kartoffeln und Äpfeln, das Wertvollste sitzt direkt unter der Schale, diese Vitamine, deshalb soll man die Schalen nie wegwerfen. Da ist Kalk drin. Bei dir ist auch Kalk drin, sagt die Frieda, jetzt zieh dich an, wir müssen los, sonst sind nachher überhaupt keine Eier mehr da. Die kommen doch frisch vom Lande, sage ich, früher kamen immer so Frauen mit Kopftuch und warfen einem die Eier nach. Also Vati, sagt die kleine Frieda, jetzt hör doch endlich auf. Gut, sage ich, gehen wir, ihr hab ja keine Ahnung von Ostern. Aber du, du hast natürlich Ahnung, du bist der Oberosterhase, sagt die Frieda. Chefosterhase, wenn ich bitten darf, sage ich.

Ja, und dann holen wir zu dritt – feierlichem Schritt – die Eier und tragen sie wie auf Messers Schneide nach Hause. Auf dem Rückweg treffen wir noch einen Intellektuellen. Fröhliche Ostern, sage ich, wir sind gerade dabei, dreißig Eier zu vergesellschaften. Wir färben heute abend im Kollektiv. Nein, sagt er, da bin ich drüber weg, ich habe mir nur ein Ei als Drahtplastik anfertigen lassen, schließlich kann unsereiner ja nicht mehr an den Osterhasen glauben. Doch, sage ich, ich glaube noch dran. Aber sehn Sie mal, sagt er, es hat sich doch seit einigen Jahren allerhand verändert, und es tut mir also furchtbar leid, aber ich sehe, ich kann den Osterhasen auch nur noch als Alibi für diese Pseudodemokratie sehen. Die Frieda zupft mich am Ärmel und sagt, also wollt ihr hier jetzt diskutieren, oder wolln wir jetzt gehen und die Eier färben. Also, sage ich, entschuldigen Sie, aber wir müssen jetzt Farbe bekennen, und grüßen Sie Ihre Drahtplastik.

Ja, und dann sitzen wir alle um den Küchentisch und finden die Eier diesmal außerordentlich gut gewachsen, und dann wird überall so ein Löchlein hineingepickst, damit sie nicht springen, und dann werden die Eier ganz vorsichtig – paß doch auf – mit einem Löffel in den Kochtopf hineinbalanciert. Und dann studieren wir alle Lohmeyers Farbenlehre und Lohmeyers Abziehbilder, absolut ungiftig, und Lohmeyers bunte Farbblätter, wo man immer um das Ei so einen heißen Umschlag machen muß. Zwei sind schon gesprungen, sagt die kleine Frieda. Das macht nichts, sage ich, das gibt dann hinterher diese feinen Strukturen. Und dann holen wir alte Tassen und rühren die Farben. Halt, sagt die Frieda, ein Schuß Essig muß dran. Und dann färben wir. Und dann malen wir. Und dann komponieren wir. Und dann nehmen wir die fertigen und übermalen sie noch mal. Und dann entstehen die künstlerischen Eier. Die halten bis Pfingsten. Und dann haben wir einen Spaß und sind gar nicht sachlich. und dann kommen die gesprungenen Eier dran, und da setzen wir die gesprungenen Linien mit einem Stift so fort, daß man die Sprünge gar nicht mehr sieht, und so helfen uns die Eier auf alle möglichen zeichnerischen Sprünge. Und dann kommen die Abziehbilder dran und so weiter, und wenn einer sagt, warum machen wir das jedes Jahr, sagt der andre gleich, na weil wir das doch früher auch so gemacht haben. Und dann sagt plötzlich die kleine Frieda, guck mal, wie ich aussch. Und dann sage ich, guck mal, ich, wie ich aussch. Und dann sagt die Frieda, also ich seh vielleicht aus. Und wir sehen dann alle furchtbar aus. Ganz bunt und sind von Kopf bis Fuß auf Farbe eingestellt. Und der Tisch sieht vielleicht aus. Und schon putz ich mir am falschen Handtuch die Finger ab. Also wie das hier aussieht, sagt die Frieda dann ein ums andre Mal. Und dann holt sie ein Körbchen. Da legen wir die Eier rein. Und dann stellt sie das Körbchen auf die Fensterbank und sagt, also jetzt beginnt für mich Ostern. Und dann stellen wir das Körbchen wieder auf den

Tisch, und die kleine Frieda sagt, jetzt ist richtig Ostern. Und dann tragen wir das Körbchen ins Wohnzimmer und stellen es auf die Truhe, und dann sage ich Fröhliche Ostern. Und dann gehen wir wieder in die Küche und sagen, wie das hier aussieht. Und dann sind wir richtig abgespannt und müde. Aber dann ist wirklich Ostern.

Hanns Dieter Hüsch

Das Osterfest in Griechenland

Das Osterfest der Katholiken in Italien und namentlich in Rom ist großartig, hinreißend! Es ist ein erhebender Anblick, wenn auf dem großen Petersplatz die ganze Menschenmenge auf die Knie sinkt und den Segen empfängt. Das Osterfest in dem armen Griechenland kann nicht mit einer solchen Pracht aufwarten, wenn man aber beide gesehen hat, kommt man zu der Erkenntnis, daß es in Rom ein Fest ist, dessen Pracht und Glorie von der Kirche über das Volk ausgeht, in Griechenland aber ist es ein Fest, welches aus Herz und Gedanken des Volkes, aus seinem ganzen Leben strömt, die Kirche ist nur ein Glied darin. Voraus geht eine lange und strenge Fastenzeit, die sehr genau eingehalten wird; die Bauern leben fast nur von Brot, Knoblauch und Wasser.

Am Karfreitag hatte die atheniensische Zeitung zum Gedenken an den Tod Christi schwarze Ränder, die Titelvignette zeigte einen Sarkophag mit Trauerweiden, und zuoberst stand ein Passionsgedicht von Sutsos. Das Fest selbst begann an diesem Abend; ich ging in die Hauptkirche, sie war prachtvoll beleuchtet und von Menschen überfüllt; vor dem Altar stand ein gläserner Sarg, mit Silberplatten zusammengefügt. Der Sarg war mit frischen Rosen gefüllt, die den toten Christus andeuten sollten. Ein wunderliches Summen der Betenden tönte durch das Gotteshaus. Buntgekleidete Priester und Bischöfe traten vor den Altar und sprachen ihre Gebete.

Um neun Uhr abends begann eine Trauermusik, und der Zug nahm seinen Anfang von der Kirche durch die Hauptstraße hin zum Schloß. Von meinem Fenster aus sah ich in aller Bequemlichkeit die langsam fortschreitende Prozession, eine der feierlichsten, die ich je erlebte. Es war ein prächtiger sternklarer Abend, mild und windstill. Auf allen Balkons ringsum und an den offenen Fenstern standen die Zuschauer, jeder mit einem brennenden Licht in der Hand, aus der Seitenstraße klang die Musik zu uns herüber; Weihrauchduft erfüllte die Luft. Ein großes Menschengewimmel bewegte sich fort, alle waren festlich gekleidet, jeder, selbst das kleinste Kind, trug ein langes, dünnes, brennendes Licht. Militärische Trauermusik ertönte, als trage das Volk seinen König zu Grabe. Von Priestern umgeben, wurde der Sarg mit den frischen Rosen getragen; darüber hing ein langer Trauerflor, der von den vornehmsten Beamten und höheren Offizieren des Landes gehalten wurde. Eine Gruppe dieser Vornehmen und dann das große Menschengewimmel, alle, wie gesagt mit brennenden Lichtern, beschlossen den Zug. Es war eine Stille, eine offensichtliche Trauer oder Andacht, die jedes Gemüt ergreifen mußte.

Vor dem Schloß, wo der König und die Königin standen, hielt der Bischof eine kurze Rede, und der König küßte die heilige Bibel. Während der ganzen Zeremonie ertönte ein einförmiges Glockengeläute, immer nur zwei Schläge und darauf eine kurze Pause; die ganze Nacht und den folgenden Tag war die Kirche von Menschen gefüllt.

Um Mitternacht vor dem Ostertag waren der König, die Königin und der ganze Hof zugegen; die Priester standen betend und trauernd um den mit Blumen gefüllten Sarg; das ganze Volk betete leise. Die Uhr schlug zwölf, im selben Augenblick trat der Bischof hervor und verkündete: »Christus ist auferstanden!« – »Christòs anèsti!«, jubelte jede Zunge; Pauken und Trompeten erschallten, die Musik spielte den lustigsten Tanz. Alle Menschen umarmten sich, küßten sich und jubelten: »Christus ist auferstanden!« Draußen donnerte Schuß auf Schuß, Raketen stiegen empor, Fackeln wurden angezündet; Männer und junge Burschen, jeder mit seinem Licht in der Hand, tanzten in einer langen Reihe durch die Stadt; die Frauen machten Feuer an, schlachteten Lämmer und brieten sie auf der Straße; kleine Kinder, die alle neue Feze und neue rote Schuhe bekommen hatten, tanzten im bloßen Hemd um das Feuer, küßten sich und sagten wie die Älteren: »Christus ist auferstanden!« Oh, hätte ich eins der Kinder an mein Herz drücken und mit ihm jubeln können: »Christòs anèsti!« Es war rührend, erhebend und schön!

Man wird sagen, alles sei nur eine Zeremonie, und wird hinzufügen – freilich mit einiger Wahrheit –, dies sei die menschliche Freude, daß die strengen Fasten zu Ende waren und daß alle nun recht ihre Lämmer und ihren Wein trinken konnten. Nun gut! Auch wenn das sein Teil dazu beigetragen haben mag, so wage ich doch zu behaupten, daß hier noch mehr mitspielte, hier äußerte sich ein wahrer, ein großer, religiöser

128

Jubel! – Christus war in ihren Gedanken wie auf ihren Lippen. »Christus ist auferstanden!«, lautete die Botschaft, und diese Begebenheit war nicht veraltet, nein, es schien, als habe sie sich in dieser Nacht, in diesem Land zugetragen! Es war als erreiche die Botschaft in diesem Augenblick ihr Ohr.

Alles in der Königsstadt wie in jeder kleinen Siedlung im ganzen Land war Musik und Tanz. Alle Arbeit ruhte, jeder dachte nur an Freude; draußen am Theseustempel und unter den Marmorsäulen des Zeus gab es Tanz und Lustigkeit. Die Mandoline klang, die Alten stimmten Lieder an, und als Willkommens- und Abschiedsgruß ertönte in dieser Freude: »Christus ist auferstanden!«

Hans Christian Andersen

Die 13. Geschichte

erzählt, wie Eulenspiegel in der Ostermesse ein Spiel aufführte, daß sich der Pfarrer und seine Haushälterin mit den
Bauern rauften und schlugen.

Als nun Ostern nahte, sagte der Pfarrer zu Eulenspiegel,
dem Mesner: »Es ist hier eine Gewohnheit, daß die Bauern
in der Osternacht ein Osterspiel aufführen, wie der Herr aus
dem Grab aufersteht, und dabei sollst du ihnen helfen, denn
es ist so, daß die Sigristen es vorbereiten und leiten.«
Eulenspiegel überlegte, wie das Marienspiel mit den Bauern
vonstatten gehen sollte, und antwortete dem Pfarrer: »Da es
hier nun einmal keinen gebildeten Bauern gibt, müßt Ihr mir
Eure Magd, die lesen und schreiben kann, dazu ausleihen.«
Der Pfarrer sagte: »Ja, ja, nimm dir nur, wer dir dabei helfen
kann. Meine Magd ist vorher auch schon des öfteren dabeigewesen.« Der Haushälterin war es recht, und sie wollte der
Engel im Grab sein, denn sie wußte den Reim auswendig.
Dann suchte Eulenspiegel sich zwei Bauern und nahm sie zu
sich. Sie wollten die drei Marien sein. Eulenspiegel lehrte
den einen Bauern seinen Reim auf lateinisch. Der Pfarrer
war der Herrgott, der aus dem Grab auferstehen sollte. Als
nun Eulenspiegel mit seinen Bauern, die wie Marien gekleidet waren, zum Grab kam, sprach die Haushälterin als Engel
im Grab auf lateinisch: »Quem queritis? Wen sucht ihr
hier?« Da antwortete der Bauer, die erste Maria, wie Eulenspiegel ihn gelehrt hatte: »Wir suchen eine alte einäugige
Pfaffenhure.«

Als sie hörte, daß sie wegen ihres einen Auges verspottet wurde, wurde sie wütend auf Eulenspiegel, sprang aus dem Grab und wollte ihm mit ihren Fäusten ins Gesicht fahren. Aufs Geratewohl schlug sie zu und traf den einen Bauern, daß ihm ein Auge anschwoll. Als der andere Bauer das sah, schlug er auch zu und traf die Haushälterin so am Kopf, daß ihr die Flügel abfielen. Als der Pfarrer das sah, ließ er die Fahne fallen, kam seiner Haushälterin zu Hilfe, riß den Bauern an den Haaren und zog ihn hinter das Grab. Darauf liefen die anderen Bauern hinzu, und es gab ein großes Geschrei. Der Pfarrer mit seiner Haushälterin lag auf dem Boden, und die Bauern, die beiden Marien, lagen ebenfalls auf dem Boden, so daß die Bauern sie voneinander wegziehen mussten. Eulenspiegel aber hatte aufgepaßt. Er machte sich rechtzeitig davon, lief aus der Kirche hinaus, ging aus dem Dorf und kam nicht zurück.

Weiß Gott, wo sie einen anderen Sigristen hernahmen.

Till Eulenspiegel

Gute Vorsätze

Ich war auf einmal furchtbar fromm. Drei Wochen lang hat uns der Religionslehrer Falkenberg vorbereitet auf die heilige Kommunion, und ich habe zum Fritz gesagt: »Wir müssen ein anderes Leben anfangen.«

Den Fritz hat es auch gepackt, weil der Falkenberg einmal so weinte und sagte, er kann es nicht verantworten, einen verdorbenen Knaben zum Tisch des Herrn zu schicken.

Weil neulich vor dem Kommunionsunterricht an die Türschnalle Senf hingeschmiert war und der Religionslehrer meinte, es ist etwas anderes.

Ich habe gewußt, daß es der Fritz getan hat, und ich habe mich schon gefreut, daß der Falkenberg eingegangen ist, aber er hat uns eine halbe Stunde lang beten lassen, daß die Freveltat vorübergeht. Und wie es vorbei war, sagte der Fritz zu mir, ob ich glaube, daß wir es weggebetet haben. Ich sagte, daß ich es glaube, weil der Falkenberg sonst nicht aufgehört hätte. Aber ich sagte: »Du mußt auch ein anderer werden, Fritz. Probiere es nur, es geht ganz gut.« Er fragte, ob ich es fertig gebracht habe.

Ich sagte: »Ja, weil ich jetzt furchtbar fromm bin. Die Tante Fanny gibt immer Obacht, wenn ich im Gebetbuch lese, und sagt zu Onkel Pepi, daß mit mir eine Veränderung geschehen ist. Sie glaubt, daß ich in mich gegangen bin, und ich glaube es auch, weil ich jetzt schon eine Viertelstunde lang beten kann und nicht denke, wie ich der Tante etwas antue.«

Der Fritz sagte, er will morgen anfangen, aber heute muß er noch dem Schuster Rettenberger das Fenster einschmeißen, denn er hat ihn beim Pedell verschuftet, daß er ihn mit einer Zigarre gesehen hatte.

Ich sagte, er solle warten bis nach der Kommunion, weil ich mittun möchte, aber Fritz sagte, daß er nicht beten kann, bevor er das Fenster kaputtgeschmissen hat, weil er voll Zorn ist.

Der Rettenberger lacht immer, wenn er ihn sieht, und gestern hat er ihm nachgeschrien: »Gelt, ich hab' dich schön erwischt, du Lausbub, du miserabliger.«

Da habe ich denn Fritz recht gegeben, weil es eine solche Gemeinheit ist, und ich hätte so gerne mitgetan.

Aber es ging nicht, denn ich habe mich schon acht Tage lang vorbereitet, und da hätte ich wieder von vorne anfangen müssen. Das ist gar nicht leicht.

Die Tante Fanny hat Obacht gegeben, daß ich nicht auslasse. Sie hat mir recht wenig zum Essen gegeben, weil man sich täglich einmal abtöten muß, aber die Magd hat zu mir gesagt, daß sie ein Knack ist und sparen will.

Vor dem Bettgehen habe ich Gewissenserforschung treiben müssen; da habe ich den Beichtspiegel vorgelesen, und der Onkel Pepi und die Tante haben alles erklärt. Der Onkel Pepi ist ganz heilig. Er ist Sekretär am Gericht, aber er sagt oft, daß er ein Pfarrer hat werden wollen, aber weil er kein Geld hatte, ist er mit dem Studieren nicht fertig geworden.

Wie er einmal mit der Tante recht gestritten hat, da hat die Tante gesagt, daß er zu dumm war für das Gymnasium. Der Falkenberg mag ihn gerne, weil er alle Tage in die Kirche geht und ihm alles sagt, was die Leute im Wirtshaus reden.

Meine Mutter hat ihm geschrieben, daß er mich unterstützt und belehrt für die heilige Handlung, damit ich so fromm werde wie er.

Das hat ihn gefreut, und er ist alle Tage bis neun Uhr dageblieben und hat gepredigt. Dann ist er in das Wirtshaus gegangen.

Einmal hat er aus einem Buche vorgelesen, daß man täglich sein Gewissen erforschen muß und es machen soll wie der heilige Ignatius.

Er hat alle Sünden in ein Büchlein geschrieben und es unter sein Kopfkissen gesteckt.

Das habe ich auch getan; aber da habe ich es vergessen, und wie ich aus der Klasse heimkam, hat mich der Onkel Pepi gerufen und gesagt: »Du hast voriges Jahr aus meiner Hosentasche zwei Mark gestohlen.« Da habe ich gemerkt, daß er meine Gewissenserforschung gelesen hat, aber es waren bloß sechzig Pfennig.

Die Tante hat gesagt, weil es ein Beichtgeheimnis ist, darf man es meiner Mutter nicht schreiben.

Da war ich froh. Nach dem Essen hat der Onkel das Seelenbad vorgelesen, wo eine Geschichte darin stand vom heiligen Antonius. Zu dem ist ein Mann gekommen, der viele Sünden hatte, und hat beichten wollen. Der Heilige hat ihm angeschafft, daß er seine Sünden aufschreibt, und das tat der Mann.

Wie er dann seine Sünden gelesen hat, ist jedesmal eine Sünde, die er reumütig gebeichtet hat, von unsichtbarer Hand ausgelöscht worden.

Der Onkel hat die Geschichte zweimal vorgelesen, und dann hat er zur Tante gesagt:

»Liebe Fanny, es ist auch für uns eine Lehre in diesem wunderbaren Vorfalle. Wenn Gott die Sünden verzeiht, müssen wir dem Beispiele folgen.«

»Aber seine Mutter muß es ersetzen«, sagte die Tante.

»Natürlich«, sagte der Onkel, »das ist notwendig wegen der Gerechtigkeit.«

»Und du sollst nicht so viel Geld in den Hosensack stecken«, sagte die Tante, »warum nimmst du so viel in das Wirtshaus mit? Drei Glas Bier sind genug für dich, das macht sechsunddreißig Pfennig, aber natürlich, ihr müßt ja der Kellnerin ein Trinkgeld geben, als wenn du etwas zum Verschenken hättest mit deinem Gehalt.«

»Das gehört nicht hierher«, sagte der Onkel, »was soll der Bursche denken, wenn du seine Aufmerksamkeit ablenkst.«

»Er wird denken, daß er dir noch mehr stiehlt, wenn du soviel Geld in den Hosensack steckst«, sagte die Tante. »Wer weiß, wieviel er schon genommen hat. Du natürlich weißt es nicht, weil du ja nicht acht gibst, als hättest du den Gehalt von einem Präsidenten.«

»Ich habe bloß einmal die sechzig Pfennig genommen«, sagte ich.

»Es waren wenigstens zwei Mark«, sagte der Onkel, »aber ich verzeihe dir, wenn du es aufrichtig bereust und gegen diesen Fehler ankämpfen willst. Du mußt den heiligen Vorsatz fassen, daß du es nie mehr tust und die Versuchung meidest und meinen Hosensack nie mehr aussuchst.«

Ich war furchtbar zornig, aber ich durfte es nicht merken lassen. Ich dachte, wenn die Kommunion vorbei ist, dann will ich ihn schon ärgern, daß er blau wird. Vielleicht mache ich seine Goldfische kaputt oder etwas anderes.

Es waren bloß mehr fünf Tage.

Der Tante Frieda ihre Anna durfte heuer auch zum erstenmal zur Kommunion gehen, und sie haben ein ekelhaftes Getue mit ihr. Die Anna ist eine falsche Katze, und ich habe sie nie leiden mögen, aber jetzt bin ich noch giftiger auf sie, weil die Tante Frieda immer von ihr redet und sich so dick macht damit.

Die Tante Frieda ist die beste Freundin von der Tante Fanny, und sie sagen allemal etwas über meine Mutter, wenn sie beisammen sind.

Am Abend ist die Tante Frieda öfter gekommen, und wie sie einmal gehört hat, dass wir Andachtsübungen machen, hat sie zum Onkel Pepi gesagt:

»Du tust ein gutes Werk an dem Burschen; ich fürchte bloß, dass es nicht viel hilft.«

Und dann fragte sie mich, ob ich mich auf die heilige Handlung ordentlich vorbereite.

Ich sagte, daß ich schon zwei Wochen mich vorbereite.

»Vorbereiten und vorbereiten ist ein Unterschied. Ach Gott«, sagte sie, »ich weiß nicht, mein Ännchen flößt mir beinahe Angst ein. So durchgeistigt kommt sie mir vor und so angegriffen von dem Gedanken an ihre erste Kommunion. Und denkt euch nur, wie das Kind spricht! Am letzten Freitag wollte ich ihr ein bißchen Fleischsuppe geben, weil sie doch schwächlich ist. Aber sie hat es um keinen Preis nicht genommen. Ich sagte, es ist doch eine Kleinigkeit. ›Nein‹, sagte sie, ›liebe Mutter, kann das eine Kleinigkeit sein, was Gott beleidigt?‹ Und ihre Augen glänzten ganz dabei. Mir ist ganz anders geworden. Liebe Mutter, hat sie gesagt, kann das eine Kleinigkeit sein, was Gott beleidigt?«

Tante Fanny war erstaunt und nickte mit dem Kopfe auf und ab, und der Onkel Pepi machte große Augen auf mich und hatte Wasser darin. Er sagte zu mir: »Hörst du das?«

Ich sagte, daß ich es schon gelesen habe, weil es eine Heiligengeschichte ist, die wo in unserem Vorbereitungsbuche steht.

Tante Frieda ärgerte sich furchtbar, dass ich es wußte. Sie sagte, daß sie es nicht glaubt, weil ich immer lüge, aber wenn es wahr ist, dann macht es auch nichts, weil man sieht, dass Ännchen die Moral in sich aufgenommen hat.

Und sie erzählte, dass Anna gestern nicht geschlafen hat und weinend im Bett gesessen ist. »Was hast du, Kind?« hat sie gefragt. »Ich habe ein Stück Brotrinde gegessen«, hat Anna gesagt. »Warum sollst du keine Brotrinde nicht essen?« hat die Tante Frieda gefragt. »Weil das Essen schon vorbei war, und die Brotrinde war nicht für mich bestimmt, das war ein Unrecht, und ich habe so fest vorgehabt, daß ich keine Sünde mehr begehe«, hat die Anna gesagt, und sie hat noch mehr geweint. »So ist das Kind«, sagte die Tante Frieda, »sie kommt mir oft überirdisch vor, und ich kann sie nicht beruhigen.«

»Es gibt Kinder, welche zwei und drei Mark aus einem Hosensacke stehlen und keine Unruhe verspüren«, sagte Onkel Pepi. Und die Tante Frieda wußte es schon von der Tante Fanny und sagte: »Es ist der Fluch der milden Erziehung.«

Das habe ich alles hören müssen, und ich war froh, wie der Kommuniontag da war. Meine liebe Mutter hat mir einen schwarzen Anzug geschickt und eine große Kerze.

Sie hat mir geschrieben, daß es ihr weh tut, weil sie nicht dabei sein kann, aber ich soll mir vornehmen, ein anderes Leben anzufangen und ihr bloß Freude zu machen.

Das habe ich mir auch vorgenommen.

Wir waren vierzehn Erstkommunikanten von der Lateinschule, und die Frau Pedell hat zu uns gesagt, daß sie weinen muß, weil wir so feierlich ausgesehen haben, wie lauter Engel. Der Fritz hat auch ein ernstes Gesicht gemacht, und ich habe ihn beinahe nicht gekannt, wie er langsam neben mir hergegangen ist.

Wir waren auf der einen Seite aufgestellt. Auf der anderen Seite waren die Mädel aufgestellt von der höheren Töchterschule. Da war die Anna dabei. Sie hat ein weißes Kleid angehabt und Locken gebrannt. Ich habe sie in der Sakristei angeredet, bevor wir in die Kirche hineinzogen.

Sie sagte, daß sie heute recht heiß und innig für meine Besserung beten will.

Ich habe mich nicht geärgert, weil ich so friedfertig war, und in der Kirche war ich nicht wie sonst. Ich habe gar nicht gemerkt, daß es lang gedauert hat, und ich habe nicht gedacht, was ich nachher tue. Ich habe gemeint, es ist jetzt alles anders.

Viele Eltern, die da waren, haben ihre Kinder geküßt, wie alles vorbei war, und ich bin zur Tante Fanny und zum Onkel Pepi hingegangen.

Da stand die Tante Frieda bei ihnen und sagte zu mir: »Du hast die dickste Kerze gehabt. Keiner hat eine so dicke Kerze gehabt wie du. Sie hat gewiß um zwei Mark mehr gekostet als die, welche ich meinem Ännchen gab. Aber deine Mutter will immer oben hinaus.«

Und die Tante Fanny sagte: »Natürlich, wenn man einen höheren Beamten geheiratet hat.«

Da habe ich gesehen, daß sie einen nicht fromm sein lassen, und ich habe mit dem Fritz was ausgemacht.

Er wohnt auch in der weiten Gasse und kann der Tante Frieda in die Wohnung sehen. Da steht ein Schrank mit einem Spiegel; und der Fritz hat eine Luftpistole.

Aber jetzt hat der Spiegel auf einmal ein Loch gehabt.

Ludwig Thoma

138

Wer hat die schönsten Schäfchen

Wer hat die schöns-ten Schäf-chen? Die
hat der gold-ne Mond, der hin-ter un-sern
Bäu-men am Him-mel dro-ben wohnt.

Er kommt am späten Abend, wenn alles schlafen will,
hervor aus seinem Hause, am Himmel leis und still.

Dann weidet er die Schäfchen auf seiner blauen Flur.
Denn all die weißen Sterne sind seine Schäfchen nur.

Sie tun sich nichts zuleide; hat eins das andre gern,
und Schwestern sund und Brüder da droben Stern an Stern.

Und soll ich dir eins bringen, so darfst du niemals schrein,
mußt freundlich wie die Schäfchen und wie ihr Schäfer sein.

T.: August Heinrich Hoffmann von Fallersleben
M.: Johann Friedrich Reichardt

April

Das ist die Drossel, die da schlägt,
Der Frühling, der mein Herz bewegt;
Ich fühle, die sich hold bezeigen,
Die Geister aus der Erde steigen.
Das Leben fließet wie ein Traum –
Mir ist wie Blume, Blatt und Baum

Theodor Storm

Frühling im Hochgebirge

»Die Blonden sind sehr kalte Leute,
Die Liebe macht sie niemals heiß.
Was sonst die Damen so erfreute,
das lässt sie kalt. Sie sind von Eis.«

So spricht mein kluges Kind. – Indessen
ich glaube nicht, was sie da meint.
Man will und kann es nicht vergessen:
wie ists denn, wenn die Sonne scheint?

Im Schatten liegen Gletscherspalten
dumpf, finster und unnahbar da.
Man friert im Mark. In jene kalten
und frostigen Höhlen niemand sah.

Man friert im Mark … Da blasen Winde
die Wolken fort, die Sonne ruft! –
leis tropft es schon, geschwind, geschwinde –
am Gletscher weht ein warmer Duft.

Ein warmer Duft aus andern Landen –
Es taut. Es schmilzt mit einem Mal:
Und was so lange widerstanden,
das schäumt als Quelle nun zu Tal. –

Kurt Tucholsky

Aprilbrief

Die eigentliche Blumenzeit dieses Frühlings war regenlos, von den ersten Primeln bis zu den ersten Anemonen und Kamelien war die Erde dürr und staubig und immer wieder vom beharrlichen Nordföhn bestrichen, nachts sah man zuweilen Waldbrände in langen Feuerzeilen die Berge hinankriechen, und es war rührend und mitleiderregend, wie trotz allem aus dem harten starren Boden die Tausende und Tausende von Veilchen, der Krokus, der Blausterne, des Augentrost, der Taubnessel hervorkamen, wie sie die kleinen zarten Köpfchen dem erbarmungslosen Nordwinde hinhielten, trotz allem lachend und üppig in ihrer zahllosen Menge. Nur das Grün hielt sich zurück, im Wald wie auf den Wiesen, einzig der Bambus am Rand meines kleinen Gehölzes wehte mit lichtem jungen Grün.

Der Frühling ist für die meisten alten Leute keine gute Zeit; er setzte auch mir gewaltig zu. Die Pülverchen und ärztlichen Spritzen halfen wenig; die Schmerzen wuchsen üppig wie die Blumen im Gras, und die Nächte waren schwer zu bestehen. Dennoch brachte beinahe jeder Tag in den kurzen Stunden, die ich draußen sein konnte, Pausen des Vergessens und der Hingabe an die Wunder des Frühlings, und zuweilen Augenblicke des Entzückens und der Offenbarung, deren jede des Festhaltens wert wäre, wenn es nur eben ein Festhalten gäbe, wenn diese Wunder und Offenbarungen sich beschreiben und weitergeben ließen. Sie kommen überraschend, dauern Sekunden oder Minuten, diese Erlebnisse, in denen ein Vorgang im Leben der Natur uns anspricht und sich uns enthüllt, und wenn man alt genug ist, kommt es einem dann so vor, als sei das ganze lange Leben mit Freuden und Schmerzen, mit Lieben und Erkennen, mit Freundschaften, Liebschaften, mit Büchern, Musik, Reisen und Arbeiten nichts gewesen als ein langer Umweg zur Reife dieser Augenblicke, in welchen im Bilde einer Landschaft, eines Baumes, eines Menschengesichtes, einer Blume sich Gott uns zeigt, sich der Sinn und Wert alles Seins und Geschehens darbietet. Und in der Tat: Haben wir auch vermutlich in jungen Jahren den Anblick eines blühenden Baumes, einer Wolkenformation, eines Gewitters heftiger und glühender erlebt, so bedarf es für das Erlebnis, das ich meine, doch eben des hohen Alters, es bedarf einer unendlichen Summe von Gesehenem, Erfahrenem, Gedachtem, Empfundenem, Erlittenem, es bedarf einer gewissen Verdünnung der Lebenstriebe, einer gewissen Hinfälligkeit und Todesnähe, um in einer kleinen Offenbarung der Natur den Gott, den Geist, das Geheimnis wahrzunehmen, den Zusammenfall der Gegensätze, das große Eine. Auch Junge können das erleben, gewiss, aber seltener, und ohne diese Einheit von Empfindung und Gedanke, von sinnlichem und geistigem Erlebnis, von Reiz und Bewußtsein.

Noch während unseres trockenen Frühlings, ehe die Regenfälle und die Reihe von Gewittertagen kamen, hielt ich mich öfters an einer Stelle meines Weinbergs auf, wo ich um diese Zeit auf einem Stück noch nicht umgegrabenen Gartenbodens meine Feuerstelle habe. Dort ist in der Weißdornhecke, die den Garten abschließt, seit Jahren eine Buche gewachsen, ein Sträuchlein anfangs aus verflogenem Samen vom Walde her, mehrere Jahre hatte ich es nur vorläufig und etwas widerwillig stehenlassen, es tat mir um den Weißdorn leid, aber dann gedieh die kleine zähe Winterbuche so hübsch, daß ich sie endgültig annahm, und jetzt ist sie schon ein dickes Bäumchen und ist mir heute doppelt lieb, denn die alte mächtige Buche, mein Lieblingsbaum im ganzen benachbarten Wald, ist kürzlich geschlagen worden, schwer und gewaltig liegen drüben noch wie Säulentrommeln die Teile ihres zersägten Stammes. Ein Kind jener Buche ist wahrscheinlich mein Bäumchen.

Stets hat es mich gefreut und mir imponiert, mit welcher Zähigkeit meine kleine Buche ihre Blätter festhält. Wenn alles längst kahl ist, steht sie noch im Kleide ihrer welken Blätter, den Dezember, den Januar, den Februar hindurch, Sturm zerrt an ihr, Schnee fällt auf sie und tropft wieder von ihr ab, die dürren Blätter, anfangs dunkelbraun, werden immer heller, dünner, seidiger, aber der Baum entläßt sie nicht, sie müssen die jungen Knospen schützen. Irgend einmal dann in jedem Frühling, jedesmal später, als man es erwartete, war eines Tages der Baum verändert, hatte das alte Laub verloren und statt seiner die feucht beflognen, zarten neuen Knospen aufgesetzt. Diesmal nun war ich Zeuge dieser Verwandlung. Es war bald nachdem der Regen die Landschaft grün und frisch gemacht hatte, eine Stunde am Nachmittag, um die Mitte des April, noch hatte ich in diesem Jahr keinen Kuckuck gehört und keine Narzisse in der Wiese entdeckt. Vor wenigen Tagen noch war ich bei kräftigem Nordwind hier gestanden, fröstelnd und den Kragen hochgeschlagen, und hatte mit Bewunderung zugesehen, wie die Buche gleichmütig im zerrenden Winde stand und kaum ein Blättchen hingab; zäh und tapfer, hart und trotzig hielt sie ihr gebleichtes altes Laub zusammen.

Und jetzt, heute, während ich bei sanfter windstiller Wärme bei meinem Feuer stand und Holz brach, sah ich es geschehen: es erhob sich ein leiser sanfter Windhauch, ein Atemzug nur, und zu Hunderten und Tausenden wehten die so lang gesparten Blätter dahin, lautlos, leicht, willig, müde ihrer Audauer, müde ihres Trotzes und ihrer Tapferkeit. Was fünf, sechs Monate festgehalten und Widerstand geleistet hatte, erlag in wenigen Minuten einem Nichts, einem Hauch, weil die Zeit gekommen, weil die bittere Ausdauer nicht mehr nötig war. Hinweg stob und flatterte es, lächelnd, reif, ohne Kampf. Das Windchen war viel zu schwach, um die so leicht und dünn gewordenen kleinen Blätter weit weg zu treiben, wie ein leiser Regen rieselten sie nieder und deckten Weg und Gras zu Füßen des Bäumchens, von dessen Knospen ein paar wenige schon aufgebrochen und grün geworden waren. Was hatte sich mir nun in diesem überraschenden und rührenden Schauspiel offenbart? War es der Tod, der leicht und willig vollzogene Tod des Winterlaubes? War es das Leben, die drängende und jubelnde Jugend der Knospen, die sich mit plötzlich erwachtem Willen Raum geschaffen hatte? War es traurig, war es erheiternd? War es eine Mahnung an mich, den Alten, mich auch flattern und fallen zu lassen, eine Mahnung daran, daß ich vielleicht Jungen und Stärkeren den Raum wegnahm? Oder war es eine Aufforderung, es zu halten wie das Buchenlaub, mich so lang und zäh auf den Beinen zu halten wie nur möglich, mich zu stemmen und zu wehren, weil dann, im rechten Augenblick, der Abschied leicht und heiter sein werde? Nein, es war, wie jede Schauung, ein Sichtbarwerden des Großen und Ewigen, des Zusammenfalls der Gegensätze, ihres Zusammenschmelzens im Feuer der Wirklichkeit, es bedeutete nichts, mahnte zu nichts, vielmehr es bedeutete alles, es bedeutete das Geheimnis des Seins, und es war schön, war Glück, war Sinn, war Geschenk und Fund für den Schauenden, wie es ein Ohr voll Bach, ein Auge voll Cézanne ist. Diese Name und Deu-

tungen waren nicht das Erlebnis, sie kamen erst nachher, das
Erlebnis selbst war nur Erscheinung, Wunder, Geheimnis, so
schön wie ernst, so hold wie unerbittlich. –

Am selben Ort, bei der Weißdornhecke und nahe der Buche,
nachdem inzwischen die Welt saftig grün geworden und am
Ostersonntag der erste Kuckucksruf in unserem Walde er-
klungen war, an einem der laufeuchten, wechselvollen,
windbewegten Gewittertage, die schon den Sprung vom
Frühling in den Sommer vorbereiten, sprach in einem nicht
minder gleichnishaften Augenerlebnis das große Geheimnis
mich an. Am schwer bewölkten Himmel, der dennoch immer
wieder grelle Sonnenblicke in das keimende Grün des Tales
warf, fand großes Wolkentheater statt, der Wind schien von
allen Seiten zugleich zu wehen, doch wog die Südnordrich-
tung vor. Unruhe und Leidenschaft erfüllten die Atmosphä-
re mit starken Spannungen. Und mitten im Schauspiel
stand, meinem Blick sich plötzlich aufdrängend, wiederum
ein Baum, ein junger schöner Baum, eine frisch belaubte
Pappel im Nachbargarten. Wie eine Rakete schoß sie empor,
wehend, elastisch, mit spitzem Wipfel, in den kurzen Wind-
pausen straff geschlossen wie eine Zypresse, bei wachsen-
dem Winde mit hundert dünnen, leicht auseinanderge-
kämmten Zweigen gestikulierend. Hin und her wiegte und
bäumte sich mit zart blitzenden Flüsterlaub der Wipfel des
herrlichen Baumes, seiner Kraft und grünen Jugend froh, mit
leisem sprechendem Schwanken wie das Zünglein einer
Waage, jetzt wie im Neckspiel nachgebend, jetzt eigenwillig
zurückschnellend (viel später erst fiel mir ein, daß ich schon
einmal, vor Jahrzehnten, dies Spiel mit offenen Sinnen an
einem Pfirsichzweig beobachtet und in dem Gedicht »Der
Blütenzweig« nachgezeichnet hatte).

Mit Freude und furchtlos, ja mutwillig, überließ die Pappel

Zweige und Laubgewand dem stark anschwellenden feuchten Winde, und was sie in den Gewittertag hineinsang und was sie mit spitzem Wipfel in den Himmel schrieb, war schön, war vollkommen, war so heiter wie ernst, so Tun wie Erleiden, so Spiel wie Schicksal, es enthielt wiederum alle Gegensätze und Gegensinne. Nicht der Wind war Sieger und stark, weil er den Baum so zu schütteln und zu biegen vermochte, nicht der Baum war Sieger und stark, weil er aus jeder Beugung elastisch und triumphierend zurückzuschnellen vermochte, es war das Spiel von beidem, der Einklang von Bewegung und Ruhe, von himmlischen und irdischen Mächten: der unendlich gebärdenreiche Wipfeltanz im Sturm war nur noch ein Bild, nur noch Offenbarung des Weltgeheimnisses, jenseits von Stark und Schwach, von Gut und Böse, von Tun und Leiden. Ich las, eine kleine Weile lang, eine kleine Ewigkeit lang, in ihm das sonst Verhüllte und Geheime rein und vollkommen dargestellt, reiner und vollkommener, als läse ich den Anaxagoras oder den Laotse. Und auch hier wieder schien es mir, als habe es, um dieses Bild zu schauen und diese Schrift zu lesen, nicht nur des Geschenkes einer Frühlingsstunde bedurft, sondern auch der Gänge und Irrgänge, Torheiten und Erfahrungen, Lüste und Leiden sehr vieler Jahre und Jahrzehnte, und ich empfand den lieben Pappelbaum, der mich mit dieser Schau beschenkte, durchaus als Knaben, als Unerfahrenen und Ahnungslosen. Ihn mussten noch viele Fröste und Schneefälle zermürben, noch manche Stürme rütteln, noch manche Blitze streifen und verletzen, bis vielleicht auch er des Schauens und des Horchens fähig und auf das große Geheimnis begierig sein würde. –

Nicht nur in Garten und Wald, auch in meiner Werkstatt und Bibliothek brachten diese Tage um die Mitte des April mir einen überraschenden und schönen Fund. Es war wenige

Tage, nachdem Wind und Pappel mir ihr Wechselspiel gezeigt hatten, da sprachen wir abends in der Bibliothek – es war ein Wiener Gast dabei – von Büchern und von Dichtern und namentlich von Hugo von Hofmannsthal, dessen wir mit dankbarer Liebe und Verehrung gedachten. Wir kamen zu Ende unserer Unterhaltung auf ein bestimmtes kleines Prosastück von ihm zu sprechen, das wir in schöner Erinnerung bewahrt, aber viele Jahre nicht mehr gelesen hatten. So beschlossen wir denn, es alsbald wieder zu lesen, und ich machte mich daran, den Band zu suchen, in dem es vermutlich zu finden war. Nun hat meine Bücherstube den Fehler aller lebenslang gepflegten Bibliotheken, sie leidet sehr an Raummangel, und in gewissen besondes überstopften Abteilungen stehen schon seit langen Jahren die Bücher in zwei Reihen hintereinander. Daraus entstehen viele Unbequemlichkeiten, und für mich, dem die Hände nicht mehr gehorchen, wäre es unmöglich gewesen, den gesuchten Band herauszuklauben. Doch half meine Frau, und zu zweien gelang es uns, der lang nicht mehr gelesene Band wurde nach dem Abbau der vorderen Bücherreihe gefunden und herausgeholt, im Inhaltsverzeichnis fand sich richtig der Essay, den zu lesen wir solche Lust hatten, ich übergab ihn meiner Frau, sie rückte sich die Leselampe zurecht und öffnete das Buch. Wir warteten darauf, dass sie vorzulesen beginne, aber plötzlich stutzte sie, machte große Augen, zog ein zusammengefaltetes Quartblatt aus dem Buche und rief: »Aber da liegt ja ein Brief von Hofmannsthal drin!« Ich schüttelte ungläubig den Kopf und konnte mich an einen solchen Brief nicht erinnern. Aber es war wirklich so, ein Briefblatt mit leicht gebleichter Handschrift lag als Lesezeichen ins Buch gelegt. Es stammte aus dem Jahr 1924, und mit ihm will ich meinen heutigen Rundbrief beschließen: Der Brief lautet:

Lieber Herr Hesse,

Ihre Anzeige des »Lesebuches« ist mir vor Augen gekommen, und es hat mich sehr gefreut, daß Sie als einer der ganz wenigen ernsten und gewissenhaften Schriftsteller, die wir haben, es der Mühe wert gefunden haben, auf das Buch hinzuweisen. Alles, was Sie darüber sagen, gerade von Ihnen ausgesprochen zu hören, war mir lieb, ganz besonders das, womit Sie schließen: daß Sie über die Darbietung des sprachlich Schönen hinaus noch eine andere Absicht erkennen: der Nation ihren Gehalt, verteilt in die Individuen, zu Gefühl zu bringen. Ich glaube, man darf nicht ruhen in der Bemühung, dieser zerklüfteten, ja zerrissenen Nation innere Einigung zu bringen, nicht durch Programme, sondern indem man eine Art geistiger Mitte herstellt.

Ich habe verschiedenes im Laufe der Jahre in diesem Sinne unternommen, auch die Herausgabe einer bescheidenen Zeitschrift, die Ihnen vielleicht einmal in die Hand gekommen ist. – Es gibt viele bekannte Autoren, viele geistreiche und scheinbar geistreiche Männer – aber wenige, die darauf bedacht sind, wo denn das alles hinaus soll und wie man es denn anfangen müßte, damit ein Zusammenhang und eine Harmonie in dem Ganzen fühlbar werde – worauf denn am Ende alles ankommt und wodurch das geistige Leben erst lebenswert würde.

Ich grüße Sie mit vielen freundlichen Gedanken

Hofmannsthal

Hermann Hesse

April! April!

April! April!
Der weiß nicht, was er will.
Bald lacht der Himmel blau und rein,
bald schaun die Wolken düster drein,
bald Regen und bald Sonnenschein.
Was sind mir das für Sachen,
mit Weinen und mit Lachen
ein solch Gesaus zu machen!
April! April!
Der weiß nicht, was er will.

O weh! O weh!
Nun kommt er gar mit Schnee
und schneit mir in den Blütenbaum,
in all den Frühlingswiesentraum!
Ganz greulich ist's, man glaubt es kaum:
Heut Frost und gestern Hitze,
heut Reif und morgen Blitze,
das sind so seine Witze.
O weh! O weh!
Nun kommt er gar – mit Schnee!

Hurra! Hurra!
Der Frühling ist doch da!
Und treibt der rauhe Wintersmann
auch seinen Freund, den Nordwind, an,
und wehrt er sich, so gut er kann,

es soll ihm nicht gelingen,
denn alle Knospen springen,
und alle Vögel singen.
Hurra! Hurra!
Der Frühling ist doch da!

Heinrich Seidel

So treiben wir den Winter aus

So treiben wir den Winter aus, durch unsre
Stadt zum Tor hinaus. Es wartet draußen
schon der Mai, den Sommer holen wir herbei.

2. Wir stürzen ihn von Berg und Tal,
damit er sich zu Tode fall'.
Wir jagen ihn über die Heiden,
daß er den Tod muß leiden.

3. Nun hab'n den Winter wir ausgetrieben,
so bringen wir den Sommer herwieder,
den Sommer und den Maien,
die Blümlein mancherleien.

4. Die Blümlein sind das göttlich' Wort,
das blüht itzunder an manchem Ort,
das wird uns rein gelehret,
Gott ist's, der's gelehret.

5. Das danken Gott von Herzen wir,
bitten, dass erwollt senden schier
Christum, uns zu erlösen
vom Winter und allem Bösen.

Musik und Text: Volksweise aus dem 16. Jahrhundert

er April

Der Regen klimpert mit einem Finger
die grüne Ostermelodie.
Das Jahr wird älter und täglich jünger.
O Widerspruch voll Harmonie!

Der Mond in seiner goldenen Jacke
versteckt sich hinter dem Wolken-Store.
Der Ärmste hat links eine dicke Backe
und kommt sich ein bißchen lächerlich vor.
Auch diesmal ist es dem März geglückt:
er hat ihn in den April geschickt.

Und schon hoppeln Hasen,
mit Pinsel und Tuben
und schnuppernden Nasen,
aus Höhlen und Gruben
durch Gärten und Straßen
und über den Rasen
in Ställe und Stuben.

Dort legen sie Eier, als ob's gar nichts wäre,
aus Nougat, Krokant und Marzipan.
Der Tapferste legt eine Bonbonniere.
Er blickt dabei entschlossen ins Leere.
Bonbonnieren sind leichter gesagt als getan.

Dann geht es ans Malen. Das dauert Stunden.
Dann werden noch seidene Schleifen gebunden.
Und Verstecke gesucht. Und Verstecke gefunden:
hinterm Ofen, unterm Sofa,
in der Wanduhr, auf dem Gang,
hinterm Schuppen, unterm Birnbaum,
in der Standuhr, auf dem Schrank.

Da kräht der Hahn den Morgen an!
Schwupp, sind die Hasen verschwunden.
Ein Giebelfenster erglänzt im Gemäuer.
Am Gartentor lehnt und gähnt ein Mann.
Über die Hänge läuft grünes Feuer
die Büsche entlang und die Pappeln hinan.
Der Frühling, denkt er, kommt also auch heuer.
Er spürt nicht Wunder, noch Abenteuer,
weil er sich nicht mehr wundern kann.

Liegt dort nicht ein kleiner Pinsel im Grase?
Auch das kommt dem Manne nicht seltsam vor.
Er merkt gar nicht, dass ihn der Osterhase
auf dem Heimweg verlor.

Erich Kästner

April

Der April, der einst mensis novarum hieβ, ist der wahre Monat des Humors. Regen und Sonnenschein, Lachen und Weinen trägt er in seinem Sack; und Regenschauer und Sonnenblicke, Gelächter und Tränen brachte er auch diesmal mit, und manch einer bekam seinen Teil. Ich liebe diesen janusköpfigen Monat, welcher mit dem einen Gesichte grau und mürrisch in den endenden Winter zurückschaut, und mit dem anderen jugendlich fröhlich dem nahen Frühling entgegenlächelt. Wie ein Gedicht Jean Pauls greift er hinein in seine Schätze und schlingt ineinander Reif und keimendes Grün, verirrte Schneeflocken und kleine Marienblümchen, Regentropfen und Veilchenknospen, flackerndes Osterfeuer und Schneeglöckchen, Aschermittwochsklagen und Auferstehungsglocken.

Ich liebe den April, welchen sie den Veränderlichen, den Unbeständigen nennen, und den sie mit »Herrengunst und Frauenlieb« in einen so böswilligen Reim gebracht haben.

Ich wurde diesen Morgen schon ziemlich früh durch das Geräusch des Regens, der an meine Fenster schlug, erweckt, blieb aber noch eine geraume Zeit liegen und träumte zwischen Schlaf und Wachen in diese monotone Musik hinein. Das benutzte ein schadenfroher Dämon des Trübsinns und des Ärgernisses, um sich in ein Netz trauriger, regenfarbiger Gedanken einzuspinnen, welches mir Welt und Leben in einem so jämmerlichen Lichte vorspiegelte und so drückend wurde, dass ich mich zuletzt nur durch einen herzhaften Sprung aus dem Bette daraus erretten konnte.

Aprilwetter! Die Hosen zog ich – wie weiland Freund Yorik – bereits wieder als ein Philosoph an, und der erste Sonnenblick, der pfeilschnell über die Fenster der gegenüberliegenden Häuser und die Nase des mir zuwinkenden Strobels glitt, vertrieb alle Nebel, welche auf meiner Seele gelastet hatten. Frischen Mutes konnte ich mich wieder an meine Vanitas setzen, und als ich gar in einem der schweinsledernen, verstaubten Tröster, die ich gestern von der königlichen Bibliothek mitgebracht hatte, eine alte vertrocknete Blume aus einem vergangenen Frühling fand, konnte ich schon wieder die seltsamsten Mutmaßungen über die Art und Weise, wie das tote Frühlingskleid zwischen diese Blätter kam, anstellen.

Hatte sie vielleicht an einem lang vergangenen Feiertage ein uralter, längst vermoderter Kollege mitgebracht von einem lustigen Feldwege, oder hatte sie vielleicht eines seiner Kinder spielend in dem Folianten des gelehrten Vaters gepresst? Hatte sie etwa ein Student von der Geliebten erhalten und hier aufbewahrt und vergessen? Welche Vermutungen! Hübsch und anmutig, und umso hübscher und anmutiger, als sie nicht unwahrscheinlich sind.

Oh, versteht es nur, Blumen zwischen die öden Blätter des Lebens zu legen; fürchtet euch nicht, kindisch zu heißen bei zu klugen Köpfen; ihr werdet keine Reue empfinden, wenn ihr zurückblättert und auf die vergilbten Angedenken trefft!

Sei mir gegrüßt, wechselnder April, du verzogenes Kind der alten Mutter Zeit und …

Wilhelm Raabe

*W*ettervorhersage:
Neigung zu Regenschirmverlusten

Heuer haben wir wirklich ein unmögliches Aprilwetter. Manchmal ballen sich dunkle Wolken am Himmel zusammen, und ein kalter Wind heult durch die Gegend. Zehn Minuten später scheint die Sonne, als wäre nichts geschehen, und nach weiteren fünf Minuten regnet es, oder es kommt sogar ein Gewitter.

In solchen Zeiten ist es besser, nicht ohne Regenschirm aus dem Haus zu gehen. Zumindest meinte das meine Frau, als ich mich auf den Weg machte, unser Auto aus der Reparaturwerkstätte abzuholen.

»Nimm meinen Regenschirm, Liebling«, sagte sie. »Aber bitte, verlier ihn nicht!«

Jedesmal, wenn ich mit einem Regenschirm das Haus verlasse, wiederholt sie diese völlig überflüssige Mahnung.

»Teuerste«, antwortete ich daher, »wann habe ich jemals einen Regenschirm verloren?«

»Vorgestern«, meinte sie prompt darauf. »Eben deshalb möchte ich nicht, daß du jetzt auch noch meinen verlierst.«

Mit welchem Triumph in der Stimme sie mir unter die Nase reibt, daß ich meinen Regenschirm irgendwo stehenließ und jetzt ihren nehmen muß: dieses lächerlich kleine, blaßblaue Ding, das anstelle eines anständigen Griffs einen Hundekopf aus Elfenbein oder Plastik hat. Angewidert nahm ich ihn und ging hinaus in den strömenden Regen.

Als ich aus dem Autobus stieg, hatte sich das Wetter gebessert. Der Himmel war klar, die Bäume blühten, die Vögel zwitscherten, die Sonne schien, und ich ging, mit einem Damenregenschirm am Arm, durch die Straßen.

Der Wagen war noch nicht fertig, ich sollte später noch einmal wiederkommen.

Auf dem Heimweg kam ich an der Bank vorbei. Dort hob ich etwas Geld ab. Anschließend setzte ich mich kurz ins Café California, plauderte mit Freunden und kam pünktlich um ein Uhr zum Essen nach Hause.

Die Frage, mit der mich meine Frau empfing, lautete:

»Wo ist der Regenschirm?«

Tatsächlich, wo war er? Ich hatte ihn vollständig vergessen. Aber wo? Und schon kam mir die Erleuchtung:

»Er ist im ›California‹! Ich erinnere mich genau, daß ich ihn zwischen den Knien versteckt hielt, damit ihn niemand sieht. Natürlich. Ich hole ihn sofort, Liebling. In ein paar Minuten bin ich zurück.«

Inzwischen hatte es wieder angefangen zu regnen. Ich sauste zum Bus. Dort setzte ich mich auf einen freien Platz und dachte über Regenschirme nach. Erst im letzten Augenblick merkte ich, daß ich an der richtigen Haltestelle angekommen war. Ich sprang auf, griff nach dem Regenschirm und drängte zum Ausgang.

»He! Das ist mein Schirm!«

Dieser Ausruf kam von einer sehr dicken Dame, die die ganze Zeit neben mir gesessen war. In meiner Zerstreutheit hatte ich ihren Regenschirm genommen. Na und? So etwas kann vorkommen. Aber die sehr dicke Dame machte einen fürchterlichen Wirbel, bezeichnete mich als Dieb und drohte sogar mit der Polizei. Vergeblich versuchte ich ihr zu erklären, daß ich auf ihren schäbigen Schirm nicht angewiesen sei und mehrere eigene besäße. Die sehr dicke Dame schimpfte ungerührt weiter, bis ich mich ihren Angriffen durch Flucht entzog.

Im ›California‹ fand ich sofort den Schirm meiner Frau, oder genauer, das, was von ihm übriggeblieben war. Man hatte ihn achtlos in eine Ecke geworfen und war barbarisch über ihn hinweggetrampelt, so dass er vor lauter Schmutz nicht mehr wiederzuerkennen war.

Was würde meine Frau sagen?

»Siehst du«, rief ich mit gespielter Fröhlichkeit, als ich ihr gegenüberstand. »Ich habe ihn gefunden.«

»Was hast du gefunden?«

»Deinen Regenschirm!«

»Das soll mein Regenschirm sein?«

Wie sich herausstellte, war ihr Regenschirm inzwischen von der Bank zurückgeschickt worden. Jetzt fiel mir auch ein, dass ich ihn dort vergessen hatte. Aber wem gehörte dann dieses schwarze, schmierige Ding?

Das Telefon läutete.

»Hier ist der Oberkellner vom ›California‹. Sie haben meinen Regenschirm mitgenommen. Das ist nicht schön von Ihnen. Ich mache um drei Uhr Schluß, und draußen regnet es.«

»Entschuldigen Sie bitte. Ich bringe ihn sofort zurück.«

Die beste Ehefrau von allen wurde etwas nervös.

»Nimm doch meinen Regenschirm«, sagte sie. »Aber bitte, verlier ihn nicht wieder.«

»Wozu brauche ich deinen Regenschirm? Ich habe ja den vom Kellner!«

»Und für den Rückweg, du Dummkopf?«

Auf dem Weg zur Bushaltestelle hörte der Regen auf, und die Sonne schien wieder.

Nun trug ich zwei Regenschirme am Arm, von denen der eine aussah wie ein schadhafter schwarzer Fallschirm, der andere hatte einen großen Plastikhundekopfgriff. Die Leute, die mit mir auf den Bus warteten, starrten mich an. Mir war die Sache so peinlich, daß ich einen Schwindelanfall bekam. Ich ging in die nächste Apotheke, nahm dort zwei Aspirin und beschloß zu warten, bis es wieder zu regnen begänne. Plötzlich bekam ich Hunger. Ich ging zum Kiosk an der Ecke und kaufte mir zwei Wurstbrötchen, die ich im Bus verschlang. Vor dem Café California wartete der Kellner und schaute mich fragend an:

»Wo ist mein Regenschirm?«

Tatsächlich. Er fragte mich, wo sein Regenschirm ist. Woher sollte ich das wissen? Was kümmerte mich sein Regenschirm? Ich wollte lieber wissen, wo der Regenschirm meiner Frau war. Langsam glaubte ich, alle Regenschirme der Welt hätten sich gegen mich verschworen.

»Nur ein wenig Geduld«, beruhigte ich den Kellner. »Sie werden Ihren Regenschirm sofort haben.«

Ungeachtet des Wolkenbruchs rannte ich zur Haltestelle zurück. Atemlos riss ich die Türe zur Apotheke auf:

»Ich ... hier ... vor ein paar Minuten ...«

»Ich weiß schon«, unterbrach mich der Apotheker. »Ist er das?«

Ich nahm den Schirm an mich und rannte weiter. Natürlich hätte ich nicht schwören können, daß es der Schirm meiner Frau war. Sicher, er sah ihm etwas ähnlich, aber er war grün und hatte als Griff keinen Elfenbeinmops, sondern einen flachen Schnabel mit den eingravierten Worten: ›Meiner Schwester Dr. Lea Pickler.‹ Es schien wirklich nicht ganz der Schirm meiner Frau zu sein. Aber irgend etwas mußte ich dem Kellner schließlich zurückbringen.

»Hallo, Sie!« Der Kioskinhaber winkte mir zu. Und hier, in eine Ecke gelehnt, wie Bruder und Schwester, standen die beiden streunenden Schirme, der des Obers und der meiner Frau.

Den Blick fest zu Boden gerichtet, reihte ich mich an der Bushaltestelle in die Schlange der Wartenden ein. An meinem Arm baumelten drei Regenschirme, ein schwarzer, ein blauer und ein grüner. Wenn es wenigstens geregnet hätte. Aber leider war strahlender Sonnenschein.

Ich rollte die drei Schirme zu einem Bündel zusammen, als wäre ich ein Schirmvertreter, der mit seinen neuesten Mustern unterwegs ist. Aber auch dadurch konnte ich nicht verhindern, daß mich von allen Seiten mißtrauische Blicke trafen.

Im Bus setzte ich mich ganz nach hinten, in der Hoffnung, daß man von meinen drei Schirmen keine Notiz nehmen würde. Die Umsitzenden enthielten sich auch wirklich aller Kommentare. Offenbar hatten sie sich bereits an mich gewöhnt.

Nach einigen Stationen wagte ich aufzuschauen. Und da – da – mir gegenüber – direkt mir gegenüber … um Himmels willen! Die sehr dicke Dame. Dieselbe dicke Dame, die ich schon einmal getroffen hatte. Sie fixierte mich. Sie fixierte meine drei Regenschirme. Und sie sagte:

»Einen erfolgreichen Tag gehabt heute, was?«

Dann wandte sie sich an die Umsitzenden und erklärte ihnen folgendes: »Der Kerl klaut Regenschirme, wo er sie sieht, und macht sich aus dem Staub. Ein gesunder junger Mann, gut gekleidet, und stiehlt Regenschirme, anstatt einem anständigen Beruf nachzugehen. Eine Schande. Vor zwanzig Jahren hat es in unserem Land keine solchen Leute gegeben.«

Alle stimmten zu.

»Polizei«, rief jemand, »man muß ihn der Polizei übergeben.«

Die Haltung der Menge wurde immer drohender. Mir blieb

keine andere Rettung, als zum Ausgang zu flüchten und so schnell wie möglich den Bus zu verlassen.

Mit einer gewaltigen Kraftanstrengung kämpfte ich mir den Weg frei und sprang hinaus in den Regen.

Schützend hob ich die Hände über meinen Kopf … Die Hände? Beide Hände?

Seither sind in einem Wagen der Autobuslinie S drei Regenschirme auf dem Weg in die Ewigkeit.

Ich stand mit geschlossenen Augen im Regen und rührte mich nicht. Das Wasser lief mir in den Kragen, durch meine Unterwäsche, in meine Schuhe. Ich blieb stehen und wartete, bis die Sintflut kommen würde oder besseres Wetter.

Ephraim Kishon

er Wetterhahn

Wie hat sich sonst so schön der Hahn
Auf unserm Turm gedreht
Und damit jedem kundgetan,
Woher der Wind geweht.

Doch seit dem letzten Sturm hat
Er keinen rechten Lauf;
Er hängt so schief, er ist so matt,
Und keiner schaut mehr drauf.

Jetzt leckt man an den Fingern halt
Und hält ihn hoch geschwind.
Die Seite, wo der Finger kalt,
Von daher weht der Wind.

Wilhelm Busch

Der Aprilnarr

Kleidete ich diese Ruhestunde in einen Komödienzettel ein, so höb' ich freilich an: der Schauplatz ist in Krehwinkel, einem hübschen, aber sehr kotigen und steinichten Landstädtchen in Flachsenfingen, woraus drei farbenstriemige Holz-Ellenbogen jeden, der sich unter dem Tore nach Wegweisern umsieht, in drei Weltgegenden versenden. Allein die Ruhestunde ist mehr eine Komödie als ein Zettel davon, und Krehwinkel ebensowohl die Schauspielertruppe als der Schauplatz. Seit Jahren rang schon die Stadt nach nervis probandi und ganz entscheidenden Schlüssen in Festino, Darapti, Barocko und Ferison, daß der schönlockige Konsistorialrat Perefixe wirklich die Ehe breche mit der Berggeschwornen, der Madame Traupel; vermuten konnt' es jeder. Nur über die Frau waren die Frauen nicht zweifelhaft, sie warfen mit gewöhnlicher Wahl (wie man bei neugebornen Hündchen tut) bloß das schönere Geschlecht ins Wasser. Jede Krehwinklerin wünschte eine Helferin in jeder Not und besonders eine Geburtshelferin zu sein, bloß um die Hülfe so lange zu verweigern, bis nicht nur der Vater des Lebens-Prätendenten angegeben war, sondern auch die sämtlichen Vettern, Basen, Stiefgeschwister und Stiefeltern des Wurms. Überhaupt gibt's in kleinen Städten keinen verdrüßlichern, windigern Ort – der Pranger ist dagegen ein Luststand – als ihre Gedächtnistafel, dieses Portativ-Drillhäuschen, das man immer voll auf jedem Kanapee aufstellt und umdreht. Die Vergißmeinnichte – welche schon die Botaniker unter die Giftpflanzen stellen, und welche es durch die Liebe noch leichter werden – sind, aus der Hand eines Städtchens gereicht, ein Blumenstrauß, den man einem armen Sünder ansteckt. Beschädigen will dabei niemand, weil jeder weiß, dass der Pranger-Statist immer in der Stadt so vollgültig nachher kursiere als vorher, so wie Juden, welche die Goldstücke in Scheidewasser einweichen, nur ihr Gewicht, nicht ihr Gepräge ändern wollen, sondern den fernern Kurs vielmehr herzlich verlangen.

Die Frage nun, welche – so wie Newton, Bernoulli, Leibniz schwere Probleme und Resultate in den Leipziger actis eruditorum ausstellten, damit das ganze mathematische Europa darauf vernünftig antwortete – ebenso der Rat Perefixe und die geschworne Traupel in den Krehwinklischen actis sanctorum dem Städtchen über ihren gegenseitigen Ehebruch vorlegten, damit es entscheide, war wie folgt abgefasset, so wie überhaupt die ganze Historie wie folgt angeht: Der Konsistorialrat Perefixe war ein Mann, den man – wenn er im Sommer in den Damenklub des Nußmannschen Gartens trat, mit jugendlichen Blicken und offner heiterer Stirn, so gewandt und zierlich und als leichter Regisseur der sitzenden Truppe von ersten Liebhaberinnen – schwerlich für einen Konsistorialis nahm, geschweige für den ersten Sänger des heimlichen Klaglieds: Er gehörte unter die Leute, die in Deutschland von keinem Gewichte sind, weil sie mehr Quecksilber haben als Blei, obgleich jenes = 13,568 wiegt, dieses aber nur = 11,352; alles schien und war den Krehwinklern zu schnell an ihm, seine Sprache, seine Rührung, seine Liebe und Gefälligkeit, und dabei zu stark; jeder Fremde interessierte ihn so sehr, und jede Fremde zu sehr. Die bleierne Stadt will erweisen, daß er den Bettelstab in Händen hätte, wenn das salische Gesetz noch regiere, das einen Mann für jeden Druck einer fremden weiblichen mit 15 Goldschillingen abstrafte; und sie bewahrt Leute auf, die es aus dem eignen Munde dieses lutherschen Konsistorialrats vernommen, daß er sich gewünscht, ein – Kardinal zu sein, bloß weil dieser das Recht genösse, jede Fürstin und Königin auf den Mund zu küssen. Ein närrischer Mann! Doch in letzterem Wunsch ist ihm heutzutage nachzusehen, und ich trüge selber mit Vergnügen einen roten Hut. –

Natürlich ist er daher wie ein Franzos – und seinem Namen nach gehört er ja zur Kolonie – nicht galant gegen eine Frau, sondern gegen alle; und er dediziert – wie der Italiener jeden Band eines Werks einem andern Mäzen – so jede halbe Stunde einer andern Gönnerin; allein was die Stadt nicht übersieht, ist seine auszeichnende Liebe zu Madame Traupel und seine Besuche bei ihrem Manne. Dieser, von welchem sie den dummen Namen herhat, ist Berggeschworner und weniger auf der Erde bekannt als unter ihr. Dieser Berggeist oder Bergleib mit kurzer Nase und Stirn mag wohl besser und vielhaltiger sein, als ich ihn schildern will – seine Seele ist nicht wie die im orbis pictus aus Punkten, sondern aus Kommaten zusammengeschmiert, die nichts anfangen und nichts endigen – das dicke Fallgatter seiner schmalen Stirn lässet keine fremde Meinung ein, und das wenige, was er mit Wirkung lieset, ist vom Knappschaftsschreiber aufgesetzt – einen Lorbeerbaum, dessen Pfahlwurzel nicht in die Schachte hineinwächset, kann er nach seiner Meinung umblasen, und das A-leder ist ihm die einzige Logenschürze, die rechte bunte Flügeldecke des Menschen – fremder Hochmut setzt ihn ganz außer sich: »Ich könnte so gut prahlen als mancher andere,« (sagt er) »aber mit mehr Recht.« – Ebenso schont er fremde Dummheit nicht: »Ich muss sagen«, sagt er, »einfältige dumme Pinsel sind mir recht verhaßt; ich kann nicht leugnen, einfältiges Ochsen-Volk steh' ich nicht aus, und ich zwick' es nach Gelegenheit erbärmlich.« – Er hat die gute Gewohnheit deutscher Autoren, jeden Gedanken, wie einen Wechsel nach Welschland, stets zweimal nacheinander abzusenden, welches mir schon aus dem Gehirn – wo solcher wächset – einleuchtet, weil jeder Teil und Hügel doppelt daliegt. – –

Zu verwundern ist nur, wie er eine Frau nahm und bekam, welche funfzehn Sommer jünger als er – denn er war funfzehn Winter älter als sie – und überhaupt so schön, klug, keck, arm und gelehrt war, daß er eher in den nächsten Schacht vor ihr hätte untertauchen, als ihr daraus im Bräutigamsrock entgegensteigen sollen. Die geizigsten Männer haben zwar oft eine Stunde, wo die Liebe aus einem Handelsartikel ein Glaubensartikel wird, die wildesten eine, wo sie den Essig erreichen, der sich versüßet, wenn er die heiße Linie passiert, wiewohl er wieder versäuert, wenn er retour geht; aber die Sache war anders, und bloß der April, den die Alten mit einer Blume malten, gab unserem Traupel eine, nämlich seine Frau. Es ging so:

Den ersten April bat sie den Bergmann um die doppelte Erlaubnis, mit einer Freundin aus seinem großen Hause dem Jahrmarkte zuzusehen und ihn da in den April zu schicken. Das war für seinen innern Menschen wahre grüne Fütterung; er gab wohl zu, daß man ebenso klug sein könne wie er, aber nicht klüger; denn das Unverständliche war ihm das Unverständige, und Dunkelheit diesseits seines Augenlides eine jenseits desselben. Er schwur heimlich, nichts zu tun, was sie begehre, um sich in kein Aprilnarrenhaus zu verlaufen. Sie kam und versicherte ihn mit aufreizender Gewißheit, sie werd' ihn dahin verschicken. Er versetzte, wenn ihr das gelinge, erbiet' er sich, sie jedes Jahr, solang sie lebe, ins Karlsbad auf seine Kosten zu schicken; – »und ich«, sagte sie, »wette mich selber, ich heirate Sie.« –

Auf dem Markte war allerlei zu sehen und ebensoviel darüber zu reden; aber Traupel hütete sich vor letzterem. Er sah lieber Ninetten an und lauschte auf jede mimische Woge, die um jede Fischreuse spielte, in die er einfahren, auf jede Schwimmfeder eines Angelhakens, der für seinen Hechtskopf ein Passionsinstrument werden könnte. Auch Ninette schauete weniger die verworrenen Bewegungen des Marktplatzes an als die seiner Physiognomie, anfangs schelmisch, zuletzt teilnehmend. Plötzlich fuhr sie vom Fenster zurück, sie entdeckte einen Schieferdecker im Laufband seines Luftbänkchens den nahen Lorenzturm umrutschend. Dieser im Himmel und an so wenig Hanffasern hängende Laufstuhl machte ihr zu bange. Traupel setzte sich mit ihr aufs Kanapee; die Freundin, eine etwas dickgepolsterte jungfräuliche Fünfundvierzigerin, verharrete am Fensterstock, weil sie in der Welt nichts lieber tat als - sehen, schon aus Mangel der Ohren weniger als des Gehörs. Der feine Traupel hatte bloß den Aprilnarren im Kopf und bedachte alles, was er sagte. Ninetta versicherte, sie versteh' ihn recht gut, er wolle nur das Badreisegeld erretten, sogar auf Kosten seiner und ihrer Freiheit, aber es soll' ihm gewiß nicht so gut werden. Es wurde nun sehr gefochten – er fand freilich schöne Absichten auf sich in ihrer April-Wette und glaubte, sein Bild oder Bildchen sei in ihrem Herzen und gucke, sich auf die Zehen stellend, aus ihrem warmen Auge mit dem Gesichtchen zum Fenster heraus – er wurde noch entschlossener, seine Wette und Ehre und dadurch sie selber zu gewinnen – er machte in der Tarantel-Allemande der Liebe das Kompliment, die pas balancés, die Viertelsphysiognomie, den einfachen Händewechsel, die 1/2, die 3/4, die ganze Physiognomie im Drehen und endlich den halben deutschen Sklaven mit dem pas emboitté und vergaß sich und den April und sprach vom

Glückauf dieser Stunde (er ließ eigenhändig eine Repetier-uhr an ihrem Halse solche repetieren) und erklärte außer noch andern Dingen seine Liebe. – Da sprang sie lachend auf und sagte, daß es beinahe die taube 45gerin störte: »Aprilnarr, Aprilnarr! Wer liebt Sie denn? Ich nicht.« Der Geschworne war halbtot, folglich zum Glück auch halblebendig – sagte, das sei ja gottlos hausgehalten mit ihm - wurde versäuert, wieder abgesüßet - allein nach einigen Tagen gab sie so weit nach, daß sie beide verlieren wollten und sie die Heirat und er die jährliche Badreise verwettet haben sollte. Wollte der Himmel, ich hätte damals ein Heirats-Bureau offengehalten und die Geschworne wäre in mein Komtoir getreten, ich würd' ihr einen ganz andern Mann, einen, der ein Haus macht, einen Grafen oder dergleichen zugewiesen haben. Lieset sie nicht die besten Franzosen und kann keinen zu sprechen bekommen, außer unsern Herrn Perefixe? – Hat sie nicht durch Kultur eine gewisse künstliche Einfachheit und Phantasie gewonnen und ist eine unverwelkliche italienische Blume, die sich durch feine Öle den Geruch der natürlichen ansalbt? – Braucht sie nicht entsetzlich viel Geld, so daß ihr Berg-Mann ihr nur als das graue Berg-Männlein erscheint, das den Zeigefinger auf Goldadern ausstreckt: - Ist sie nicht der besten hysterischen Zufälle und Konvulsionen mächtig und hält darin dem Geschwornen die strengsten Bußreden, und sind diese hysterischen Kontroverspredigten nicht den besten Gardinenpredigten, die wir haben, vorzuziehen? – Mit einem Wort, hat sie nicht eine vornehme ahnenreiche Ehe nötig, die, wie ein Konferenzzimmer rangsüchtiger Gesandten, viele Türen und keinen Ofen hat? – Kurz, ist sie nicht der Engel und der Teufel in einer Person?

Was freilich Traupel mit ihr tut, wenn er zuweilen in seine vier Pfähle zurückkommt und der fünfte ist, das wird mir

schwerlich können hell gemacht werden. Mit Perefixe ist es etwas anders, aber das ist der Kern meiner Stadtgeschichte. Kein Krehwinkler – wenigstens Traupel nicht, der nur am Berg-Schabbes, am Sonnabend, nach Hause kam, wo Perefixe Amtswegen zu Hause blieb – kann so oft auf dem bergmännischen Kanapee gesessen sein als eben der Konsistorialis; er schwang sich zum Gesellschafter hinauf, von da zum Hausfreund und hatte nur noch die höchste Charge vor sich, den Hausfeind. Traupel wußt' es zu schätzen, daß sich ein Mann und Vikarius vorfand, der mit seiner Frau parlierte und in ihre »weltweisen Schnurren« (sie war eine Philosophin) einging, da sie jeden andern Krehwinkler aus Ekel vor allem Kleinstädtischen stolz aus ihrem Zauberkreise wies. Sogar wenn sie ihrem Manne, der keinen Vogel lieber schoß als einen festen hölzernen auf der Stange, es erlaubte, eine kleine Schützengesellschaft zu einem Privatschießen zusammenzubieten: so mußten die Schützen poetische Zentauren, halb Menschenpferde, halb Schützen, sein, gebildete Edelleute aus der Nachbarschaft; denn sie sagte, ihr falle am Ende doch alles auf den Hals. Die Herren kannten nämlich des Bergmanns Passion für diese stehende Vogeljagd; folglich suchte jeder ein Vergnügen (er sprach während des Schusses mit der Frau) darin, daß er den Geschworenen für sich schießen ließ, so daß dieser als das repräsentative System der Schützenkompagnie und als ihr Kreisstand und Zentralpunkt immer im Kreis stand und so als bevollmächtigter Gemein-Schütze (in jedem und auch in seinem Namen) den ganzen Vogel allein herunterholte. –
Wie kam ich auf diese Geschichte? - Kurz sie trug am meisten mit bei, daß die sämtliche Geistlichkeit, die ohnehin an ihrem Löseschlüssel längst den Bart abgedreht hatte, und die sämtliche Dienerschaft und der Wirt vom Hotel de Krehwinkel sich

darauf totschlagen ließen, der Konsistorialis gehe nicht auf
guten Wegen, sondern »extra« –; die Weiber dieser Männer
(auch weniger Fleckausmacherinnen als Fleckmacherinnen)
nahmen die Geschworne als kokette Wildschützin jedes ehe-
lichen Grenzwildprets auf sich und wollten sämtlich darauf
sterben, bloß Ninetta sei der Teufel und hebe an ihrem Angel-
haken den guten jungen Mann aus dem Wasser.

Nur eine Frau dachte edler von ihm, seine eigne. Josephine
hatte die göttliche Kraft, einem Menschen zu vertrauen. Sie
ließ die großen künstlichen Waschmaschinen, in welchen
ganze Familien auf einmal (Tee oder Kaffee wird als Lauge
zugegossen) sehr gut eingeweicht, gehandhabt und gewal-
ket werden, niemals in ihrer Stube aufstellen. Seine Zephy-
retten-Natur wurde durch ihren christlichen Ernst und durch
die Waage ihrer weiblichen Besonnenheit sanft angehalten;
seine Föderationsfeste mit allen Menschengesichtern wurden unter ihren Richter-Augen nüchterner begangen; und
ebenso führte wieder umgekehrt sein leichter Gang auf dem
Lebenswege und die Freundlichkeit, womit er allen Pilgern
seine Hand, und was darin war, anbot, diese einsame stolze
Seele auch an andere näher heran.

Sie schrieb seine Besuche bei Ninetten, da diese die feinste
Frau im Orte war und er der feinste Mann, der Verwandtschaft
ihrer Kultur und Lektüre zu. Er war der einzige Geistliche in
Krehwinkel, der imstande war, Ninettens Schminke zu verzei-
hen, oder der es zu schätzen wußte, wenn sie sich ganz über
stümperhafte Maler erhob, welche ihr Unvermögen im Nackten durch Gewänder verdecken. Doch konnte Josephine für
ihre Zuversicht weiter nichts anführen als seine bisherige
Rechtschaffenheit und den Schluß von ihrem Herzen auf seines und die Donnerkeile, die er von jeder Höhe, nicht bloß
von der Kanzel, auf das lüderliche, Herzen- und Ehebrechen-

de Säkulum fallen ließ. Er ließ sich oft auf den Beweis ein, daß, wenn das künftige Jahrhundert auch sonst der Menschheit das Krankenlager weicher bettete, es doch den intermittierenden Puls derselben vermehren würde – der Anstalten zu einer allgemeinen Entkräftung und Auskernung, bewies er, seien zu viele – der Luxus wachse höher mit dem Reichtum, dieser mit jenem, die Armut mit beiden, die Ehelosigkeit und die Verspätung der Ehen mit allen dreien, die frühere Mannbarkeit desgleichen, mit dieser und jenen wieder die Ausschweifung und mit der Ausschweifung wieder alle jene Übel, und so gehe die entsetzlichste Zusammenbrechung der Menschheit in immer schmalere Formen zwischen diesen ineinander arbeitenden Tatzen wie zwischen zweien, einander immer verkleinernd wiederholenden Spiegeln fort – und was dann von Jünglingen, die sich schon in der verjüngten Größe des kindischen Greisenalters bücken, zu hoffen oder vielmehr zu fürchten sei, das mög' er nicht erleben. Aber noch feuriger und rührend-gerührt wandt' er sich zu den Kinderfeinden, die jetzt in ganzen Rotten die Erde besetzen, die als Widerspiel Abrahams ihren Isaak schlachten, um einen wollenreichen Widder zu retten, und dann sah er weinend den tausend vaterlosen Waisen lebender Väter entgegen, diesen Zangen-, Achsel- und Kniegeburten des Lebens, als eignen Symbolen ihres künftigen Blutens, Tragens und Kniens, welche in ihrer besten und längsten Schlafzeit in einer von Stroh und Kissen ausgeleerten harten Wiege des Lebens frieren und zappeln – Er konnte dann nicht mehr fortreden.

Leser wissen über die Quellen solcher Reden Bescheid; aber Josephine trauete, wie alle Weiber, dem männlichen Sprecher zu sehr – mehr als dem männlichen Handeln –, weil bei ihnen das Gebläse der Phantasie dicht an ihrem Herzen liegt und pfeift und also einer, der jenes zu regen und zu treten weiß, damit leicht dieses rot und glühend blasen kann. Ja, gutes Weib, dein Mann konnte kein Heuchler und doch ein Sünder sein, aber ein reuiger, der büßen und bessern will. Und hängen nicht überhaupt zwar vom Kopfe des Menschen die längsten Engelsflügel nieder, aber auch von seinen Fersen verdammt dicke Fußblöcke, so daß er wie eine Kokette dem Fischernetz auf ein Haar gleicht, das oben Korkkugeln schwimmend erhalten, indes Bleistücke es dem Schlamm anheften?

Nur eine Sache quälte die feste Josephine zuweilen, nämlich die Frage, was ihn quäle; denn er kam selten aus dem Traupelschen Hause zurück, ohne in seinen Gesichtszügen einen ganzen Wolkenzug mitzubringen, welcher in einer weniger glücklichen Ehe sich in den weiblichen festgesetzt hätte als sanfte Lämmerwolken. Bedenklich wars, dass dieser Heerrauch des Unmuts in ihm anhielt, solange Ninetta im Karlsbade war; auch fiel es Josephinen später ein, daß er einmal plötzlich zu weinen angefangen, als sie abends um 11 Uhr vor Traupels Hause miteinander vorbeigingen und der Nachtwächter davor eine im Baß gesetzte Gratulanz absang, womit er nach krehwinklischer Sitte die eben geborne Tochter des Bergmanns unter der Jubelpforte des Lebens salutieren wollen. Da das gute Weib keiner Lüge, nicht einmal einer Zurückhaltung fähig war: so hatt' sie ihn sanft und oft über seinen Gram gefragt; seine Antwort war immer gewesen, ihn betrübe die kokette peinliche Erziehung so sehr, welche Ninetta ihrer Tochter Cara gebe. Josephine glaubt' es aus Pflicht und aus Vertrauen gegen ihn, besonders da sie bemerkte, daß eben jene mitgebrachten Wolken sich allzeit in warme fruchtbare Ergießungen für sie selber und ihr Kind auflöseten.

Jean Paul

Lind rauscht es in den Hagen

Lind rauscht es in den Ha-gen, die Bäu-me
wie-gen froh das Haupt, als woll-ten sie sich
sa-gen: „Bald sind wir neu be - laubt!" Doch
zu der Bäu-me Fü-ßen ist Blum' an Blu-me
schon er - wacht, das gold - ne Licht zu
grü-ßen, das neu vom Him-mel lacht.

2. Und in der Bäume Zweigen
und im Gebüsch die Vögelein,
sie können nicht mehr schweigen
im warmen Sonnenschein.

Der Amsel flötend Locken,
der Finken schmetternd heller Schlag,
der klingt wie Glocklen am Auferstehungstag.
Schlag klingt wie Gesang der Glocken am Auferstehungstag.

3. O holde Luft des Märzen,
die neu die Frühlingsahnung weckt
und bannet, was die Herzen
im Winter hat erschreckt.
Du lockst die Kinder wieder
hinaus, und von dir zeugen auch
die frohen Lieder, das reine Kinderaug.
Auch die frohen Kinderlieder, das reine Kinderaug.

M.: Ludwig von Beethoven
T.: Wilhelm Osterwald

$\mathcal{D}$er April hat einunddreißig Tage

In jener Nacht hatte ich schlecht geschlafen. Schlecht schlafen heißt bei mir, im Pyjama die ganze Nacht zwischen Arbeitszimmer und Archiv umherwandern, in Fotos und unnützem Papierzeug kramen, die trotz ihrer zehn Jahre ein Jahrhundert alt scheinen. Das bedeutet weiters, mit einem Gläschen Kognak ein Antineuralgicum einnehmen, weil ich in der nächtlichen Kühle niesen muß. Daraufhin ein Beruhigungsmittel schlucken, da das Herz durch die erste Tablette in Unruhe geraten ist und wie ein Maschinengewehr trommelt.

Natürlich muß ich daraufhin ein ordentliches Glas kalten Orangensaft trinken, denn der Kognak und die erste Tablette haben mir höllisch eingeheizt.

Da mir das kalte Getränk den Magen verstimmt und das Beruhigungsmittel das Herz geschwächt hat, mache ich mir bald darauf einen Tee und gieße einen halben Liter mit einem herzstärkendenden Mittel hinunter.

Leider fängt das so in Trab gebrachte Herz wieder zu toben an, und eine Hitzewallung treibt mir den Schweiß aus den Poren: Zum Glück ist die Nacht kühl und klar; so kann ich auf der Terrasse meine fünfunddreißigste Zigarette rauchen und dabei die Nachtfrische genießen.

Aber jetzt geht mein Magen entschlossen zum Angriff über und weckt mein altes Geschwür, das bis dahin geschlummert hatte.

Ich gehe also wieder hinein, denn jetzt ist der Augenblick für den ›Molotow-Cocktail‹ gekommen: Das ist ein großer Löffel Bicarbonat, trocken eingenommen und im Magen mit einem Glas ganz heißer Limonade zum Explodieren gebracht.

Ich feiere die Befreiung und lege mich auf das Bett.

Nun suche ich die richtige Lage: Auf der linken Seite geht es wegen des Herzens, auf der rechten wegen der Leber nicht. Auf Bauch oder Rücken geht es auch nicht, weil ich dann kaum atmen kann.

Mein Körper ist dreidimensional und kann im großen ganzen mit einem Parallelepipedon verglichen werden, das eine Vorderseite, eine Rückseite, eine rechte und eine linke Seite, eine obere und eine untere Fläche hat. Es stehen mir also noch zwei Möglichkeiten offen: Mit den Beinen nach oben auf dem Kopf oder umgekehrt zu liegen.

Ich habe aber nie Yoga geübt; auch kann sich ein Mensch schwerlich als niedergelegt betrachten, wenn er köpflings oder füßlings steht.

Also nehme ich die Wanderung wieder auf.

Nun entdeckte ich eine große Schachtel mit ungeöffneten Briefen. Ich öffne den einen oder anderen: Sie sind zwanzig Jahre alt und wurden vor den historischen Wahlen des Jahres 1948 geschrieben. Der erste Brief teilt mir eine ›unglaubliche‹ Tatsache mit: »Stellen Sie sich vor, in meinem Ort ist jemand Bürgermeister, der einen armen Teufel umgebracht hat …«

Der Gedanke kommt mir, daß ich gut daran getan habe, diesen Brief nicht zu öffnen. Hätte ich etwa antworten sollen: »Das ist noch gar nichts, lieber Freund. Was werden Sie in zwanzig Jahren sagen, wenn Sie einen Senator erleben, der zum Kerker verurteilt war, weil er ein paar anständige, an seiner Seite kämpfende, aber politisch anders denkende Leute umgebracht hat?«

Im zweiten Kuvert befindet sich ein großer Tausendlire-schein. Einer von den alten, leintuchgroßen. Ein armer Kerl schickte ihn mir als spontanen Beitrag, um mich zur Gründung einer Partei anzuregen …

So viel Naivität und Vertrauen rühren mich. Ich glaube, ich werde diesen Schein samt Brief einrahmen lassen.

Der dritte Brief ist von einer Mutter, die über ihren in Russland vermissten Sohn spricht. Sie bittet mich, meine Polemiken fortzusetzen: »Werden Sie nicht müde, von diesen jungen Leuten zu sprechen! Es hilft zwar nichts, aber es wird vielen Müttern die Illusion schenken, daß noch jemand ihrer armen Söhne gedenkt … Ihr Wahlplakat mit dem Soldatenskelett hinter dem Drahtverhau eines russischen Lagers hat mir die Tränen aufsteigen lassen. Ja, ich werde ›Auch für ihn dagegen!‹ stimmen, für meinen Sohn …«

Ein schreckliches Weh erfaßt mich, wenn ich an diese armen, vergessenen Knochen denke, über denen jetzt vielleicht das Korn wächst. Da lasse ich die alten, ungeöffneten Briefe und mache mich auf die Suche nach den kleinen amerikanischen Pillen für die Leber.

Auf der Innenseite der Schranktüren sind Ausschitte aus Zeitungen, Fotografien und ein paar Karten befestigt, die mich an meine toten Kameraden erinnern.

Wie viele es schon sind, verwünscht! Dabei sind auch die Türen der daneben stehenden Schränke so tapeziert.

In einem solchen Fall ist der ›Gleichgewichtscocktail‹ angebracht: Drei Pillen für die Leber, ein Löffelchen Bicarbonat trocken eingenommen, ein großes Glas Whisky, ein Schluck heißen Tees mit Zitrone und, obenauf, der Rauch einiger Zigaretten.

Auch eine Kopfmassage mit fünfundsiebzigprozentigem Lavendelwasser ist von guter Wirkung.

Auf dem Boden steht die kleine Personenwaage: Ich brauche nur daraufzusteigen. Dreiundsiebzig Kilo, das ist, gemessen an meiner Größe, zuviel. Das muß von den gekochten Kartoffeln kommen, dich ich allabendlich als Hauptgericht nach meiner Tasse Bouillonreis esse.

Ich werde nicht darauf verzichten! »Man muß gefährlich leben«, stand in meiner Jugend auf den Mauern.

»Memento audere semper …«, »Ardisco non ordisco …«, »Das Vaterland verleugnet man nicht, man erringt es.« Wie viele Dinge standen auf den Mauern meiner Jugend. Mein Kopf ist schon ganz wirr, als wäre er nicht mehr der meine.

Nun bellt Ful: Vom Hof her benachrichtigt er mich, daß sich der Himmel dort unten schon aufhellt.

Jetzt müßte ich zur Abrundung des Bildes nur noch meinen alten, handbetriebenen Phonographen ausgraben, ihn aufziehen und die altersschwache Platte der Danse macabre von Saint-Saëns auflegen. Dann sollte die Nadel des Tonabnehmers auf den letzten Teil aufgesetzt werden, dort, wo das Morgenrot und die zur Ruhe gehenden Skelette beschrieben werden.

Eine zu komplizierte Angelegenheit. Ich gehe ohne musikalische Begleitung zur Ruhe.

In jener Nacht hatte ich also schlecht geschlafen. Schlecht schlafen bedeutet bei mir, die ganze Nacht wach sein, dann in den Abgrund der Müdigkeit stürzen, sobald die Sonne aufgeht. Und eine halbe Stunde darauf aufschrecken, weil mir geträumt hat, mein Fahrrad sei gestohlen worden oder ich sei bei der Reifeprüfung durchgefallen.

Daraufhin so beeindruckt und verschreckt sein, daß ich aus dem Bett springe, um mich zu überzeugen, daß ich die Reifeprüfung im Juli 1928 ordnungsgemäß bestanden habe und das Fahrrad noch an seinem Platz steht.

Diese idiotischen Träume kehren immer wieder und haben durchaus keine verborgene Bedeutung, da mir als Kind das Fahrrad tatsächlich gestohlen wurde und ich noch immer nicht begreife, wie ich jene schreckliche Prüfung bestehen konnte, wo ich doch ein solcher Esel und wirklich nicht schlau bin.

Wenn ich schlecht geschlafen habe, trödle ich nach dem Aufwachen stundenlang im Schlafrock in meinem persönlichen Bereich herum, bis ich, in großer Hast angekleidet, wie eine Bombe nach unten gehe, bereit, beim geringsten Zusammenstoß zu explodieren.

Gegen elf Uhr ging ich also in das Speisezimmer hinunter und blickte mich um. Wäre mir nur ein einziges schief hängendes Bild oder eine schlecht zusammengefaltete Zeitung unter die Augen gekommen, so hätten sich in diesem Raum die Ereignisse von Hiroshima wiederholt.

Zum Glück war alles in Ordnung, kein Bild fiel aus dem Rahmen, keine Zeitung war schlecht gefaltet. Meine Post lag wohlgeordnet mitten auf dem großen Eichentisch, der Boden glänzte sauber, aber ohne Spur von dem verdammten Wachs, auf dem ich unweigerlich ausrutsche. Alles in schönster Ordnung: Auf dem Kaminsims die ordentlich geputzten, mit schön geraden, glatten Kerzen versehenen Kerzenleuchter aus Messing. Der dicke Kalenderblock zeigt das richtige Datum: »Dienstag – 30. April.«

Margherita und Giò schenken mir keinerlei Beachtung: Unter gewissen Umständen kann nichts mich mehr ärgern, als wenn man mir einen guten Morgen wünscht und mich fragt, ob ich etwas brauche.

Die Post! Die verfluchte Post! Manchmal genügt ein Brief, eine dumme Postkarte oder ein noch dümmeres Billett, um mir den ganzen Tag zu verderben.

Unter der Post war ein Telegramm, das ich als erstes öffnete: Nichts Schlimmes. Die übliche Einmahnung eines versprochenen und noch nicht gelieferten Artikels.

Weiters: offene Rechnungen, die Aufforderung zur sofortigen Bezahlung einer neuen Steuer, fünf Briefe mit haarsträubenden Beleidigungen wegen eines gewissen Artikels, den ich verfasst hatte.

Kurzum, alles wie immer: Nichts, das mich beunruhigt hätte. Als hätte eine wunderbar intelligente Sekretärin die ganze Post durchgesehen und dabei alles Ärgerliche ausgesondert. Ein paar abonnierte Zeitungen gehen mir jedoch ab.

»Sie sind nicht gekommen«, erklärte mir Margherita. »Es muss Poststreik sein. Die Briefe sind noch von der gestrigen, zweiten Postzustellung. Gestern Abend bist du nicht zum Abendessen erschienen. Du hast, wenn du dich erinnerst, oben zu Abend gegessen.«

»Freilich erinnere ich mich. Es liegt mir noch alles auf dem Magen. So geht es immer, wenn ich ungern und allein esse. Was gibt es denn heute zum Mittagessen?«

Giò schilderte mir das Menü, und ich fand darin alles nur Wünschbare.

»Ausgezeichnet!«, rief ich. »Denk daran, Giò: Sollte jemand kommen, liquidiere ihn. Heute will ich keinen sehen!«

»Seien Sie ganz beruhigt«, antwortete das Mädchen. «Ich mache das schon.«

Genau in diesem Augenblick klopfte es an der Tür und Giò lief nachsehen. Ich hörte ihre ärgerliche Stimme. Sie schien zu streiten, worauf Margherita in das Vorzimmer stürzte. Aber sie kam zu spät. Denn schon drangen Freund Francesco und seine Frau ein. Francesco trug ein elegantes Päckchen, und seine Frau hielt einen großen Nelkenstrauß in den Armen.

»Stellt euch vor«, schrie Francesco lärmend«, »ich soll also glauben, daß unser Giovannino nicht zu Hause ist! Ausgerechnet heute!«

Jeder Mensch hat einen überströmenden, aufdringlichen Freund, den er mit Vergnügen umbrächte. So ein Freund ist Francesco. Er erblickte sogleich den Kalender und rief:

»Was heißt dreißigster April! Man muß auf dem laufenden sein!«

Schon streckte er seine Pfote nach dem Kalender aus, als ich ihn brüllend aufhielt:

»Du brauchst das Blatt nicht abzureißen! Alle hier Anwesenden haben sich geplagt, vor mir alles zu verstecken, was mich an den heutigen Tag erinnern könnte, und jetzt kommst du Idiot und verdirbst mir das Ganze. Ich weiß sehr wohl, daß heute nicht der dreißigste April, sondern der erste Mai und mein sechzigster Geburtstag ist!«

»Alles Gute, Giovannino!«, reif der Trottel.

»Verschwinde!«, war meine Antwort. »Und schaut, daß ihr weiterkommt, du, deine Frau, deine sechzig roten Nelken und dein französischer Champagner!«

Tödlich beleidigt gingen sie alle ab (Champagner und Nelken inbegriffen), und ich wußte, dass ich sie gottlob nie mehr wieder sehen würde.

Margherita und Giò sahen mich sehr besorgt an. Aber nun war die Bombe geplatzt, und ich hatte wieder meinen Normaldruck.

»Alles geht wunderbar!«, rief ich fröhlich: »Wir haben noch immer den dreißigsten April!«

Und wir feierten fröhlich den dreißigsten April.

Dreißig Tage zählt November – dreißig Juni und September – achtundzwanzig gibt's nur einen – alle andern dreißigeinen. Auch April, wenn es sein muß.

Giovannino Guareschi

Alle Vögel sind schon da

Al - le Vö - gel sind schon da, al - le Vö - gel al - le! Welch ein Sin - gen, Mu - si - ziern, Pfei - fen, Zwit - schern, Ti - ri - liern! Früh - ling will nun ein - mar - schiern, kommt mit Sang und Schal - le.

2. Wie sie alle lustig sind, flink und froh sich regen.
Amsel, Drossel, Fink und Star und die ganze Vogelschar
wünschen uns ein frohes Jahr, lauter Heil und Segen.

3. Was sie uns verkünden nun, nehmen wir zu Herzen:
Wir auch wollen lustig sein, lustig wie die Vögelein
hier und dort, feldaus, feldein singen, springen, scherzen.

T.: Heinrich Hoffmann von Fallersleben
M.: Volkstümlich aus Schlesien

Ein Aprilscherz

Vier oder fünf große Antiquare sitzen am Vorabend einer Versteigerung in München im Hotel beisammen, höchst ernsthaft, versteht sich, bis einer von ihnen draufkommt, daß morgen ausgerechnet der erste April ist. Da wollen sie doch einen Schabernack mit dem Versteigerer treiben!

Im Katalog finden sie ein schäbiges Blättchen, auf zwanzig Mark geschätzt, laut Herkunftsbezeichnung aus des Auktionators eignem Besitz – er hofft wohl, dieses armselige Papierschiffchen auf der Woge der Kauflust flottzumachen. Nun, das soll ihm gelingen: die fünf Herren machen aus, daß sie, mit erhobnen Fingern, das Blatt auf tausend Mark hinauftreiben – und was dann? Das bleibt ihr Geheimnis …

Der Versteigerung beginnt, ein wenig zäh – da wird das bewußte Blatt aufgerufen, mit zehn Mark, wie üblich dem halben Schätzpreis. Zwei Dutzend Finger oder Bleistifte gehen in die Höhe. Das Blatt steigt auf dreißig, auf hundert, auf zweihundert Mark. Immer noch sind zwölf, zehn, acht Hände erhoben. Wenn die paar Großen weiterbieten, denkt mancher Kleine, muß an dem Ding was dran sein; so gewiegte Kenner, so schlaue Füchse geben die Gewähr, daß man nicht hereinfällt, wenn man noch höher mitbietet.

Aber jetzt, bei fünfhundert, sechshundert Mark sinken die Hände – bis auf die der Verschworenen. Eine Unruhe geht durch den Saal, ein Raunen, Köpfe werden reihenweise geschüttelt. Der Versteiger beäugt immer wieder verstohlen sein bescheidenes Objekt, dessen Tücke ihn allmählich in Verwirrung bringt: Sollte doch was dran sein?

Alle halten den Atem an: das rätselhafte Ding hat sozusagen die Schallmauer durchstoßen: Tausend Mark sind erreicht! Fünf Hände sind erhoben, ernst und feierlich.

Nur einem, dem meistbietenden, dem Sieger, kann der Versteigerer die Nummer zuschlagen. Aber hier scheinen fünf Bewerber, fünf ruhmvolle, in hundert Schlachten bewährte Männer eisern entschlossen, einander nicht zu weichen.

Mit stückender Stimme setzt der Auktionator an, die nächste Zahl auszurufen: Eintausendundfünfzig Mark! Mit einem Schlage gehen die fünf Hände herunter – niemand will das eben noch so erbittert umkämpfte Blatt haben …

Eisiges Schweigen, ratlose Blicke, Tappen im dunkeln – bis plötzlich irgendeinem in der Runde ein Licht aufgegangen ist. »April!«, sagt er, heiseren Tons, ganz leise in die Stille. Und jetzt bricht eine brausende Heiterkeit los, die fremdesten Menschen kichern einander an, die Auguren lächeln, und auch der Auktionator muß gute Miene zum bösen Spiel machen; und wenn's auch nur in Form eines dummen Gesichts ist …

Trotzdem, am Schluß der Versteigerung, ist er wirklich vergnügt und dankbar: das windige Blättchen ist zwar, bei einem zweiten Anruf, bei zehn Mark unter schadenfrohem Gelächter zurückgegangen; aber die müde Stimmung, die zu Beginn so nebelschwer auf dem Saale gelegen war, ist verflogen, und in der Sonne einer großen Fröhlichkeit stiegen die Preise dergestalt, dass die Narretei der tausend Mark vielfache Frucht trug.

Eugen Roth

Der Kuckuck und der Esel

Der Ku-ckuck und der E-sel, die hat-ten ei-nen
Streit, wer wohl am bes-ten sän-ge, wer
wohl am bes-ten sän-ge zur schö-nen Mai-en-
zeit, zur schö-nen Mai-en - zeit.

2. Der Kuckuck sprach: »Das kann ich«
und fing gleich an zu schrei'n.
»Ich aber kann es besser, ich aber kann es besser«,
fiel gleich der Esel ein, fiel gleich der Esel ein.

3. Das klang so schön und lieblich,
so schön von fern und nah.
Sie sangen alle beide, sie sangen alle beide
»Kuckuck, kuckuck, ia,
kuckuck, kuckuck, ia.«

Text: Heinrich Hoffmann von Fallersleben
Musik: C. F. Zelter

Mai

Die Kinder schreien »Vivat hoch«!
In die blaue Luft hinein;
Den Frühling setzen sie auf den Thron,
Der soll ihr König sein.

Die Kinder haben die Veilchen gepflückt,
All, all, die da blühten am Mühlengraben.
Der Lenz ist da; sie wollen ihn fest
In ihren kleinen Fäusten haben.

Theodor Storm

Der Mai ist gekommen

Es ist heute der erste Mai. wie ein Meer des Lebens ergießt sich der Frühling über die Erde, der weiße Blütenschaum bleibt an den Bäumen hängen, ein weiter, warmer Nebelglanz verbreitet sich überall. In der Stadt blitzen freudig die Fensterscheiben der Häuser, an den Dächern bauen die Spatzen wieder ihre Nestchen, auf der Straße wandeln die Leute und wundern sich, daß die Luft so angreifend und ihnen selbst so wunderlich zumute ist; die bunten Vierlanderinnen bringen Veilchensträuße; die Waisenkinder, mit ihren blauen Jäckchen und ihren lieben, unehelichen Gesichtchen, ziehen über den Jungfernstieg und freuen sich, als sollten sie heute einen Vater wieder finden; der Bettler an der Brücke schaut so vergnügt, als hätte er das große Los gewonnen, sogar den schwarzen, noch ungehenkten Makler, der dort mit seinem spitzbübischen Manufakturwaren-Gesicht einherläuft, bescheint die Sonne mit ihren toleranten Strahlen, – ich will hinauswandern vor das Tor.

Er ist der erste Mai, und ich denke deiner, du schöne Ilse – oder soll ich dich ›Agnes‹ nennen, weil dir dieser Name am besten gefällt? – ich denke deiner, und ich möchte wieder zusehen, wie du leuchtend den Berg hinabläufst. Am liebsten aber möchte ich unten im Tal stehen und dich auffangen in meine Arme. – Es ist ein schöner Tag! Überall sehe ich die grüne Farbe, die Farbe der Hoffnung. Überall, wie holde Wunder, blühen hervor die Blumen, und auch mein Herz will wieder blühen. Dieses Herz ist eine Blume, eine gar wunderliche. Es ist kein bescheidenes Veilchen, keine lachende

Rose, keine reine Lilie, oder sonstiges Blümchen, das mit artiger Lieblichkeit den Mädchensinn erfreut, und sich hübsch vor den hübschen Busen stecken läßt, und heute welkt und morgen wieder blüht. Dieses Herz gleicht mehr jener schweren, abenteuerlichen Blume aus den Wäldern Brasiliens, die, der Sage nach, alle hundert Jahre nur einmal blüht. Ich erinner mich, daß ich als Knabe eine solche Blume gesehen. Wir hörten in der Nacht einen Schuß, wie von einer Pistole, und am folgenden Morgen erzählten mir die Nachbarskinder, daß es ihre ›Aloe‹ gewesen, die mit solchem Knalle aufgeblüht sei. Sie führten mich in ihren Garten, und da sah ich, zu meiner Verwunderung, daß das niedrige, harte Gewächs mit den närrisch breiten, scharfgezackten Blättern, woran man sich leicht verletzen konnte, ganz in die Höhe geschossen war, und oben wie ein goldene Krone die herrlichste Blüte trug. Wir Kinder konnten nicht so hoch hinaufsehen, und der alte, schmunzelnde Christian, der uns liebhatte, baute eine hölzerne Treppe um die Blume herum, und da kletterten wir hinauf, wie die Katzen, und schauten neugierig in den offenen Blütenkelch, woraus die gelben Strahlenfäden und wildfremden Düfte mit unerhörter Pracht hervordrangen.

Ja, Agnes, oft und leicht kommt dieses Herz nicht zum Blühen; so viel ich mich erinnere, hat es nur ein einziges Mal geblüht, und das mag schon lange her sein, gewiß schon hundert Jahr. Ich glaube, so herrlich auch damals seine Blüte sich entfaltete, so mußte sie doch aus Mangel an Sonnenschein und Wärme elendiglich verkümmern, wenn sie nicht gar von einem dunklen Wintersturme gewaltsam zerstört worden. Jetzt aber regt und drängt es sich wieder in meiner Brust, und hörst du plötzlich den Schuß – Mädchen, erschrick nicht! ich hab' mich nicht totgeschossen, sondern meine Liebe sprengt ihre Knospe, und schießt empor in strahlenden Liedern, in ewigen Dithyramben, in freudigster Sangesfülle.

Ist dir aber diese hohe Liebe zu hoch, Mädchen, so mach es dir bequem, und besteige die hölzerne Treppe, und schaue von dieser hinab in mein blühendes Herz.

Heinrich Heine

Der Frühling
   Am ersten Maimorgen.

Heute will ich fröhlich, fröhlich sein,
Keine Weis' und keine Sitte hören;
Will mich wälzen, und für Freude schrein,
Und der König soll mir das nicht wehren;

Denn er kommt mit seiner Freuden Schar
Heute aus der Morgenröte Hallen,
Einen Blumenkranz um Brust und Haar
Und auf seiner Schulter Nachtigallen;

Und sein Antlitz ist ihm rot und weiß,
Und er träuft von Tau und Duft und Segen –
Ha! mein Thyrsus sei ein Knospenreis,
Und so tauml' ich meinem Freund entgegen.

Matthias Claudius

Die Vogelhochzeit

Ein Vo - gel woll - te Hoch-zeit ma - chen

in dem grü - nen Wal - de. Fi - de - ral - la - la, fi - de -

ral - la - la, fi - de - ral - la - la - la - la - la.

Die Drossel war der Bräutigam,
die Amsel war die Braute.

Der Sperber, der Sperber,
der war der Hochzeitswerber.

Der Stare, der Stare,
der flocht der Braut die Haare.

Der Kuckuck schreit, der Kuckuck schreit,
er bringt der Braut das Hochzeitskleid.

Der Seidenschwanz, der Seidenschwanz,
der bracht der Braut den Hochzeitskranz.

194

Der Sperling, der Sperling,
der bringt der Braut den Trauring.

Die Lerche, die Lerche,
die führt' die Braut zur Kerche.

Der Auerhahn, der Auerhahn,
der war der würdge Herr Kaplan.

Die Meise, die Meise,
die sang das Kyrie eleise.

Der Kuckuck kocht das Hochzeitsmahl,
frisst selbst die besten Brocken all.

Die Schnepfe, die Schnepfe
setzt auf den Tisch die Näpfe.

Die Finken, die Finken,
die gaben der Braut zu trinken.

Die Gänse und die Anten,
die warn die Musikanten.

Der Wiedehopf, der Wiedehopf
bracht nach dem Mahl den Kaffeetopf.

Frau Nachtigall, Frau Nachtigall,
die sang mit ihrem schönsten Schall.

Der Kibitz, der Kibitz,
der macht dabei den schönsten Witz.

Die Greife, die Greife,
die spielten auf der Pfeife.

Der Geier, der Geier,
der spielte auf der Leier.

Der Rabe, der Rabe,
der bracht die erste Gabe.

Der Pfau mit seinem bunten Schwanz,
der führt die Braut zum Hochzeitstanz.

Brautmutter war die Eule,
nahm Abschied mit Geheule.

Der lange Specht, der lange Specht,
der macht der Braut das Bett zurecht.

Das Drosselein, das Drosselein,
das führt die Braut ins Kämmerlein.

Die Taube, die Taube,
die bracht der Braut die Haube.

Die Fledermaus, die Fledermaus,
die zieht der Braut die Strümpfe aus.

Das Haselhuhn, das Haselhuhn
sagt fröhlich: »Wünsche wohl zu ruhn!«

Der Uhu, der Uhu,
der macht die Fensterläden zu.

Der Hahn, der krähte: »Gute Nacht!«,
dann war die Kammer zugemacht.

Frau Kratzefuß, Frau Kratzefuß
gab allen einen Abschiedskuß.

Die Meise, die Meise
bestellt die Hochzeitsreise.

Nun ist die Vogelhochzeit aus
und alle ziehn vergnügt nach Haus.

volkstümlich

*E*ine wunderbare Heiterkeit

Eine wunderbare Heiterkeit hat meine ganze Seele eingenommen, gleich den süßen Frühlingsmorgen, die ich mit ganzem Herzen genieße. Ich bin allein und freue mich meines Lebens in dieser Gegend, die für solche Seelen geschaffen ist wie die meine. Ich bin so glücklich, mein Bester, so ganz in dem Gefühle von ruhigem Dasein versunken, daß meine Kunst darunter leidet. Ich könnte jetzt nicht zeichnen, nicht einen Strich, und bin nie ein größerer Maler gewesen als in diesen Augenblicken. Wenn das liebe Tal um mich dampft, und die hohe Sonne an der Oberfläche der undurchdringlichen Finsternis meines Waldes ruht, und nur einzelne Strahlen sich in das innere Heiligtum stehlen, ich dann im hohen Grase am fallenden Bache liege, und näher an der Erde tausend mannigfaltige Gräschen mir merkwürdig werden; wenn ich das Wimmeln der kleinen Welt zwischen Halmen, die unzähligen, unergründlichen Gestalten der Würmchen, der Mückchen näher an meinem Herzen fühle, und fühle die Gegenwart des Allmächtigen, der uns nach seinem Bilde schuf, das Wehen des Alliebenden, der uns in ewiger Wonne schwebend trägt und erhält; mein Freund! wenn's dann um meine Augen dämmert, und die Welt um mich her und der Himmel ganz in meiner Seele ruhn wie die Gestalt einer Geliebten, dann sehne ich mich oft und denke: Ach könntest du das wieder ausdrücken, könntest du dem Papiere das einhauchen, was so voll, so warm in dir lebt, daß es würde der Spiegel deiner Seele, wie deine Seele ist der Spiegel des unendlichen Gottes! – Mein Freund! – Aber ich gehe darüber zugrunde, ich erliege unter der Gewalt der Herrlichkeit dieser Erscheinungen.

Johann Wolfgang von Goethe

*I*m Frühling

Hier lieg' ich auf dem Frühlingshügel:
Die Wolke wird mein Flügel,
Ein Vogel fliegt mir voraus.
Ach, sag' mir, alleinzige Liebe,
Wo du bleibst, daß ich bei dir bliebe!

Doch du und die Lüfte, ihr habt kein Haus.
Der Sonnenblume gleich steht mein Gemüte offen.
Sehnend.
Sich dehnend
In Lieben und Hoffen.
Frühling, was bist du gewillt?
Wann wird' ich gestillt?

Die Wolke seh' ich wandeln und den Fluß,
Es dringt der Sonne goldner Kuß
Mir tief bis ins Geblüt hinein;
Die Augen, wunderbar berauschet,
Tun, als schliefen sie ein.
Nur noch das Ohr dem Ton der Biene lauschet.

Ich denke dies und denke das,
Ich sehne mich und weiß nicht recht, nach was:
Halb ist es Lust, halb ist es Klage;
Mein Herz, o sage,
Was webst du für Erinnerung
In golden grüner Zweige Dämmerung?
Alte unnennbare Tage!

Eduard Mörike

Wie schön blüht uns der Maien

Wie schön blüht uns der Mai - en, der
Mir ist ein schön Jung - fräu - lein ge -

Som - mer fährt da - hin.___ Bei ihr ja
fal-len in mei - nen Sinn.___

wär mir wohl, wann ich nur an sie

den - ke, mein Herz ist freu - de - voll.___

2. Bei ihr, da wär ich gerne,
bei ihr, da wär mir's wohl;
sie ist mein Morgensterne,
strahlt mir ins Herz so voll.
Sie hat ein'n roten Mund,
sollt ich sie darauf küssen,
mein Herz würd mir gesund.

3. Wollt Gott, ich fänd' im Garten
drei Rosen auf einem Zweig,
ich wollte auf sie warten,
ein Zeichen wär mir's gleich.
Das Morgenrot ist weit,
es streut schon seine Rosen:
ade, meine schöne Maid.

Volksweise

Das Maiblümchen

Weißes Glöckchen mit dem gelben Klöppel, warum senkst du dich? Ist es Scham, weil du bleich wie Schnee früher die Erde durchbrichst als die großen stolzen Farbenflammen der Tulpen und der Rosen? – Oder senkst du dein weißes Herz vor dem gewaltigen Himmel, der die neue Erde auf der alten erschafft, oder vor dem stürmenden Mai? Oder willst du gern deinen Tautropfen wie eine Freudenträne vergießen für die junge schöne Erde? – Zartes, weißes Knospenblümlein, hebe dein Herz? Ich will es füllen mit Blicken der Liebe, mit Tränen der Wonne. O Schönste, du erste Liebe des Frühlings, hebe dein Herz!

Jean Paul

Galgenbruders Frühlingslied

Es lenzet auch auf unserm Spahn,
o selige Epoche!
Ein Hälmlein will zum Lichte nahn
aus einem Astwurmloche.

Es schaukelt bald im Winde hin
und schaukelt bald drin her.
Mir ist beinah, ich wäre wer,
der ich doch nicht mehr bin …

Christian Morgenstern

Eine Muttertagsgeschichte

Als meine Tochter zur Welt gekommen war – in den ersten Maitagen eines bereits sehr fernen Jahres – bekam ich einen Tag nach der Geburt bereits eine Muttertagstorte, auf der stand: Der lieben Mutter. Ich konnte nicht fassen, daß das jetzt mir galt. Lagen doch die Muttertage, an denen wir uns krankhaft bemüht hatten, meine Mutter zu ehren und zu feiern, und ich diesen Aufwand für einen einzigen Tag im Jahr mit jugendlicher Direktheit als ›blödsinnig‹ einstufte, mir doch bleischwer im Gemüt.

Nur einmal war es schön gewesen. Mein Vater – sonst ein durch und durch ehrenhafter Mann ohne den geringsten Hang zum Abenteuerlichen – hatte vergessen, die üblichen rosa Hortensien (zwei bis drei Blütenbüschel in einem Topf, in Kreppapier gehüllt, dazu eine Schleife und ein Papierherz mit Spruch, ›Dem Mütterlein‹, oder dergleichen) zu besorgen. Aus Furcht vor den drohenden dunklen Wolken auf der Stirne meiner Mutter wurde er plötzlich kühn, ein verwegenes Glitzern durchbrach mehr und mehr den ratlosen Ärger in seinen Augen. »Komm«, sagte er zu mir, während er eine Schere in seiner Jackentasche verbarg. Und wir verließen das Haus wie zwei, die etwas zu verbergen hatten.

Hinter dem Gemeindebau, in dem wir wohnten, befand sich ein Areal mit Schrebergärten. Es waren bereits alte Gärten, die Obstbäume und diversen Sträucher breiteten sich weit über die Zäune hinweg aus und überschatteten teilweise die Pfade. Der Flieder blühte. Er blühte in diesem Jahr so üppig wie selten. Die Zweige beugten sich unter der Last der violetten und weißen Dolden, dazu der Duft und das Leuchten einer abendlichen Maisonne – ich schritt selig mit meinem Vater dahin.

Der aber zückte bald die Schere, nicht ohne vorher um sich geblickt zu haben. Ausgestorben lagen die Gärten da, keine Stimme, keine Hantierung zu hören.

Und mein Vater begann, Flieder zu stehlen. Erst sollte es ein angemessen großer, trotz allem bescheidener Strauß sein. Doch der zurückhaltende, pflichtbewußte Mann fiel einer plötzlichen, wohl von Mai- und Fliederdüften genährten Raserei anheim. Er schnitt und schnitt. Meine und seine Arme füllten sich, bis wir sie kaum noch über der Last zusammenschließen konnten. Und immer noch schien den Gärten nichts an Pracht zu fehlen, der Überfluss unermesslich.

Wir schleppten und stöhnten, als wir über Treppen und Gänge zu unserer Wohnungstüre schlichen, immer voll Sorge, ertappt und des Diebstahls überführt zu werden.

Es galt außerdem, die Fliederberge daheim zu verstauen und dem Auge meiner Mutter fernzuhalten – dies gelang mit Hilfe wassergefüllter Eimer in der Abstellkammer.

Am frühen Morgen dekorierten wir die Wohnung, benutzten dazu sämtliche vorhandenen Vasen, Einmachgläser, Krüge und Suppentöpfe. Und als die Mutter aus dem Bett kroch und verschlafen zum Badezimmer hinstrebte, traute sie ihren Augen und ihrer Nase nicht. Was für eine Herrlichkeit. Was für ein Duft.

Hätten wir den Flieder nicht stehlen müssen, könnte mir auch dieser Muttertag gestohlen bleiben, dachte ich.

Erika Pluhar

$\mathcal{W}$anderung von Kuhschnappel nach Baireuth

Die Abdankung des Nachtwächters trieb ihn endlich aus dem Schlafsessel in den gestirnten, wehenden Morgen hinaus.

Er schlich aber vorher noch einmal in die Kammer an das heißträumende Rosenmädchen, drückte ein Fenster zu, dessen kalte Zugluft heimlich ihr wehrloses Herz anfiel, und hielt seine nahen Lippen vom weckenden Kusse ab und sah sie bloß so gut an, als es das Sternenlicht und das blasse Morgenrot erlaubten, bis er das zu dunkel werdende Auge beim Gedanken wegwandte: ich sehe sie vielleicht zum letzten Mal. Bei dem Durchgange durch die Stube sah ihn ordentlich ihr Flachsrocken mit seinen breiten farbigen Papierbändern, womit sie ihn aus Mangel an Seidenband zierlich umwickelt hatte, und ihr stilles Spinnrad an, das sie gewöhnlich in dunkler Morgen- und Abendzeit, wo nicht gut zu nähen war, zu treten gepflegt; und als er sich vorstellte, wie sie während seiner Abwesenheit ganz einsam das Rädchen und die Flöckchen so eifrig handhaben werde: so riefen alle Wünsche in ihm: es gehe der Armen doch gut, und immer, wenn ich sie auch wiedersehe.

Dieser Gedanke des letzten Mals wurde draußen noch lebhafter durch den kleinen Schwindel, den die Wallungen und der Abbruch des Schlummers ihm in den physischen Kopf setzten, und durch das wehmütige Zurückblicken auf sein weichendes Haus, auf die verdunkelte Stadt und auf die Verwandlung des Vorgrunds in einen Hintergrund und auf das Entfliehen der Spaziergänge und aller Höhen, auf denen er oft sein erstarrtes, in den vorigen Winter eingefrornes Herz warm getragen hatte. Hinter ihm fiel das Blatt, worauf er sich als Blattwickler und Minierraupe herumgekäuet hatte, als *Blätterskelett* herab.

Aber die erste *fremde* Erde, die er noch mit keinen Stationen seines Leidens bezeichnet hatte, sog schon, wie Schlangenstein, aus seinem Herzen einige scharfe Gifttropfen des Grams.

Nun schoß die Sonnenflamme immer näher herauf an die entzündeten Morgenwolken – endlich gingen am Himmel und in den Bächen und in den Teichen und in den blühenden Taukelchen hundert Sonnen miteinander auf, und über die Erde schwammen tausend Farben, und aus dem Himmel brach ein einziges lichtes Weiß.

Das Schicksal pflückte aus Firmians Seele, wie Gärtner im Frühling aus Blumen, die meisten alten, gelben, welken Blättchen aus. – Durch das Gehen nahm das Schwindeln mehr ab als zu. In der Seele stieg eine überirdische Sonne mit der zweiten am Himmel. In jedem Tal, in jedem Wäldchen, auf jeder Höhe warf er einige pressende Ringe von der engen Puppe des winterlichen Lebens und Kummers ab und faltete die nassen Ober- und Unterflügel auf und ließ sich von den Mailüften mit vier ausgedehnten Schwingen in den Himmel unter tiefere Tagschmetterlinge und über höhere Blumen wehen.

Aber wie kräftig fing das bewegte Leben an, in ihm zu gären und zu brausen, da er aus der Diamantgrube eines Tales voll Schatten und Tropfen herausstieg, einige Stufen unter dem Himmeltore des Frühlings. – Wie aus dem Meere, und noch naß, hatte ein allmächtiges Erdbeben eine unübersehliche, neugeschaffne, in Blüte stehende Ebene mit jungen Trieben und Kräften heraufgedrängt – das Feuer der Erde loderte unter den Wurzeln des weiten hangenden Gartens, und das Feuer des Himmels flammte herab und brannte den Gipfeln und Blumen die Farben ein – zwischen den Porzellantürmen weißer Berge standen die gefärbten blühenden Höhen als Throngerüste der Fruchtgöttinnen – über das weite Lustlager zogen sich Blütenkelche und schwüle Tropfen als bevölkerte Zelte hinauf und hinab, der Boden war mit wimmelnden Bruttafeln von Gräsern und kleinen Herzen belegt, und ein Herz ums andere riß sich geflügelt oder mit Floßfedern oder mit Fühlfäden aus den heißen Brutzellen der Natur empor und sumste und sog und schnalzte und sang, und für jeden Honigrüssel war schon lange der Freudenkelch aufgetan. – Nur das Schoßkind der unendlichen Mutter, der Mensch, stand allein mit hellen frohen Augen auf dem Marktplatz der lebendigen Sonnenstadt voll Glanz und Lärm und schauete trunken rund herum in alle unzählige Gassen. – Aber seine ewige Mutter ruhte verhüllt in der Unermeßlichkeit, und nur an der Wärme, die an sein Herz ging, fühlte er, daß er an ihrem liege ... – Firmian ruhte in einer Bauerhütte von diesem zweistündigen Rausch des Herzens aus. Der brausende Geist dieses Freudenkelchs stieg einem Kranken wie ihm leichter in das Herz, wie andern Kranken in den Kopf.

Als er wieder ins Freie trat, lösete sich der Glanz in Helle auf, die Begeisterung in Heiterkeit. Jeder rote hängende Maikäfer und jedes rote Kirchendach und jeder schillernde Strom, der Funken und Sterne sprühte, warf fröhliche Lichter und hohe Farben in seine Seele. Wenn er in den laut atmenden und schnaubenden Waldungen das Schreien der Köhler und das Widerhallen der Peitschen und das Krachen fallender Bäume vernahm - wenn er dann hinaustrat und die weißen Schlösser anschauete und die weißen Straßen, die wie Sternbilder und Milchstraßen den tiefen Grund aus Grün durchschnitten, und die glänzenden Wolkenflocken im tiefen Blau – und wenn die Funkenblitze bald von Bäumen tropften, bald aus Bächen stäubten, bald über ferne Sägen glitten: – so konnte ja wohl kein dunstiger Winkel seiner Seele, keine umstellte Ecke mehr ohne Sonnenschein und Frühling bleiben, das nur im feuchten Schatten wachsende Moos der nagenden zehrenden Sorge fiel im Freien von seinen Brot- und Freiheitbäumen ab, und seine Seele mußte ja in die tausend um ihn fliegenden und sumsenden Singstimmen einfallen und mitsingen: das Leben ist schön, und die Jugend ist noch schöner, und der Frühling ist am allerschönsten.

Der vorige Winter lag hinter ihm wie der düstere zugefrorne Südpol, und der Reichsmarktflecken lag unter ihm wie ein dumpfiges tiefes Schulkarzer mit triefendem Gemäuer. Bloß über seine Stube kreuzten heitere breite Sonnenstreife; und noch dazu dachte er sich seine Lenette darin als Alleinherrscherin, die heute kochen, waschen und reden durfte, was sie wollte, und die überdies den ganzen Tag den Kopf (und die Hände) davon voll hatte, was abends Liebes komme. Er gönnt' ihr heute in ihrer engen Eierschale, Schwefelhütte und Kartause recht von Herzen den herumfließenden Glanz, den in ihr Petrus-Gefängnis der eintretende Engel mitbrachte, der Pelzstiefel. »Ach, in Gottes Namen«, dacht' er, »soll sie so freudig sein wie ich, und noch mehr, wenns möglich ist.«

Je mehre Dörfer vor ihm mit ihren wandernden Theatertruppen vorüberliefen: desto theatralischer kam ihm das Leben vor – seine Bürden wurden Gastrollen und aristotelische Knoten – seine Kleider Opernkleider – seine neuen Stiefeln Kothurne – sein Geldbeutel eine Theaterkasse – und eine der schönsten Erkennungen auf dem Theater bereitete sich ihm an dem Busen seines Lieblinges zu …

Nachmittags um 3 1/2 Uhr wurde auf einmal in einem noch schwäbischen Dorfe, nach dessen Namen er nicht gefragt, in seiner Seele alles zu Wasser, zu Tränen, so daß er sich selber über die Erweichung verwunderte. Die Nachbarschaft um ihn ließ eher das Widerspiel vermuten – er stand an einem alten, ein wenig gesenkten Maienbaum mit dürrem Gipfel - die Bauerweiber begossen die im Sonnenlicht glänzende Leinwand auf dem Gemeindeanger – und warfen den gelbwollichten Gänsen die zerhackten Eier und Nesseln als Futter vor – Hecken wurden von einem adeligen Gärtner beschoren, und die Schafe, die es schon waren, wurden vom Schweizerhorn des Hirten um den Maienbaum versammelt.   Alles war so jugendlich, so hold, so italienisch – der schöne Mai hatte alles halb oder ganz entkleidet, die Schafe, die Gänse, die Weiber, den Hornisten, den Heckenscherer und seine Hecken ...

Warum wurd' er in einer so lachenden Umgebung zu weich? – Im Grunde weniger darum, weil er heute den ganzen Tag zu froh gewesen war, als hauptsächlich, weil der Schaf-Fagottist durch seine Komödienpfeife seine Truppe unter den Maienbaum rief. Firmian hatte in seiner Kindheit hundertmal den Schafstall seines Vaters dem blasenden Prager und Schäfer unter den Hirtenstab getrieben – und dieser Alpen-Kuhreigen weckte auf einmal seine rosenrote Kindheit, und sie richtete sich aus ihrem Morgentau und aus ihrer Laube von Blütenknospen und eingeschlafnen Blumen auf und trat himmlisch vor ihn und lächelte ihn unschuldig und mit ihren tausend Hoffnungen an und sagte: »Schau mich an, wie schön ich bin – wir haben zusammen gespielt – ich habe dir sonst viel geschenkt, große Reiche und Wiesen und Gold und ein schönes, langes Paradies hinter dem Berg – aber du hast ja gar nichts mehr! Und bist noch dazu so bleich! Spiele wieder mit mir!« - O wem unter uns wird nicht die Kindheit tausendmal durch Musik geweckt, und sie redet ihn an und fragt ihn: »Sind die Rosenknospen, die ich dir gab, denn noch nicht aufgebrochen?« O wohl sind sie's, aber weiße Rosen waren's.

Seine Freudenblumen schloß der Abend mit ihren Blättern über ihren Honiggefäßen zu, und auf sein Herz fiel der Abendtau der Wehmut kälter und größer, je länger er ging. Gerade vor Sonnenuntergang kam er vor ein Dorf – leider ists mir aus dem Gedächtnis wie ausgestrichen, obs Honhart oder Honstein oder Jaxheim war: so viel darf ich für gewiß ausgeben, daß es eines von dreien war, weil es neben dem Fluß Jaxt und an der Ellwangschen Grenze im Anspachschen lag. Sein Nachtquartier rauchte vor ihm im Tal. Er legte sich, eh' er's bezog, auf einem Hügel unter einen Baum, dessen Blätter und Zweige ein Chorpult singender Wesen waren. Nicht weit von ihm glänzte in der Abendsonne das Rauschgold eines zitternden Wassers, und über ihm flatterte das vergoldete Laubwerk um die weißen Blüten, wie Gräser um Blumen. Der Kuckuck, der sein eigner Resonanzboden und sein eignes vielfaches Echo ist, redete ihn aus finstern Gipfeln mit einer trüben Klagstimme an – die Sonne floß dahin – über den Glanz des Tages warfen die Schatten dichtere Trauerflöre – unser Freund war ganz allein – und er fragte sich: »Was wird jetzt meine Lenette tun, und an wen wird sie denken, und wer wird bei ihr sein?« - Und hier durchstieß der Gedanke: »aber ich habe keine Geliebte an meiner Hand!« mit einer Eishand sein Herz. Und als er sich die schöne, zarte weibliche Seele recht klar gemalet hatte, die er oft gerufen, aber nie gesehen, der er gern so viel, nicht bloß sein Herz, nicht bloß sein Leben, sondern alle seine Wünsche, alle seine Launen hingeopfert hätte: so ging er freilich den Hügel mit schwimmenden Augen, die er vergeblich trocknete, hinunter; aber wenigstens jede gute weibliche Seele, die mich liest und die vergeblich oder verarmend geliebt, wird ihm seine heißen Tropfen vergeben, weil sie selber erfahren, wie der innre Mensch gleichsam

211

durch eine vom giftigen Samielwinde durchzogne Wüste reiset, in welcher entseelte, vom Winde getroffne Gestalten liegen, deren Arme sich abreißen von der eingeäscherten Brust, wenn der Lebendige sie ergreift und anziehen will an seine warme. Aber ihr, in deren Händen so manche erkälteten durch Wankelmut oder durch Todesfrost, ihr dürft doch nicht so klagen wie der Einsame, der nie etwas verloren, weil er nie etwas gewonnen, und der nach einer ewigen Liebe schmachtet, von der ihm nicht einmal eine zeitliche ein Trugbild jemals zum Troste zugesandt.

Firmian brachte eine stille, weiche, sich träumend-heilende Seele in sein Nachtlager und auf sein Bette mit. Wenn er darin den Blick aufschlug aus dem Schlummer, schimmerten die Sternbilder, die sein Fenster ausschnitt, freundlich in seine frohen hellen Augen und warfen ihm die astrologische Weissagung eines heitern Tages herab.

Er flatterte mit der ersten Lerche und mit ebensoviel Trillern und Kräften aus der Furche seines Bettes auf. Er konnte diesen Tag, wo die Ermüdung seinen Phantasien die Paradiesvogel-Schwingen berupfte, nicht ganz aus dem Anspachischen gelangen.

Den Tag darauf erreichte er das Bambergische (denn Nürnberg und dessen pays coutumiers und pays du droit écrit ließ er rechts liegen). Sein Weg lief von einem Paradies durch das andere – Die Ebene schien aus musivisch aneinander gerückten Gärten zu bestehen – Die Berge schienen sich gleichsam tiefer auf die Erde niederzulegen, damit der Mensch leichter ihre Rücken und Höcker besteige – Die Laubholz-Waldungen waren wie Kränze bei einem Jubelfest der Natur umhergeworfen, und die einsinkende Sonne glimmte oft hinter der durchbrochnen Arbeit eines Laubgeländers auf einem verlängerten Hügel wie ein Purpurapfel in einer durchbrochnen Fruchtschale. – In der einen Vertiefung wünschte man den Mittagschlaf zu genießen, in einer andern das Frühstück, an jenem Bache den Mond, wenn er im Zenith stand, hinter diesen Bäumen ihn, wenn er erst aufging, unten an jener Anhöhe vor *Streitberg* die Sonne, wenn sie in ein grünes Gitterbette von Bäumen steigt.

Da er den Tag darauf schon mittags nach *Streitberg* kam, wo man alle jene genannte Dinge auf einmal erleben wollte: so hätt' er recht gut – er mußte denn kein so flinker Fußgänger sein als sein Lebenbeschreiber – noch gegen Abend die Baireuther Turmknöpfe das Rot der Abend-Aurora auflegen sehn können; aber er wollte nicht, er sagte zu sich: »Ich wäre dumm, wenn ich so hundmüde und ausgetrocknet die erste Stunde der schönsten Wiedererkennung anfinge und so mich und ihn (Leibgebern) um allen Schlaf und am Ende um das halbe Vergnügen (denn wie viel könnten wir heute noch reden?) brächte. Nein, lieber morgen früh um 6 Uhr, damit wir doch einen ganzen langen Tag zu unserem Tausendjährigen Reiche vor uns haben.«

Er übernachtete daher in Fantaisie, einem artistischen Lust- und Rosen- und Blütental, eine halbe Meile von Baireuth. Es wird mir schwer, das papierne Modell, das ich von diesem Seifersdorfer Miniatur-Tal hier aufzustellen vermöchte, so lange zurückzutun, bis ich einen geräumigern Platz vorfinde; aber es muß sein, und bekomm' ich keinen, so steht mir allemal noch hinten vor dem Buchbinderblatte dazu ein breiter offen.

Firmian ging neben Fledermäusen und Maikäfern – dem Vortrab und den Vorposten eines blauen Tages – und hinter den Baireuthern, die ihren Sonntag und ihre Himmelfahrt beschlossen – es war der 7 te Mai – und zwar so spät, daß das erste Mondviertel recht deutlich alle Blüten und Zweige auf der grünen Grundierung silhouettieren konnte – also so spät ging er noch auf eine Anhöhe, von der er auf das von der Brautnacht des Frühlings sanft überdeckte und mit Lunens Funken gestickte Baireuth, in welchem der geliebte Bruder seines Ichs verweilte und an ihn dachte, tränen- und freudentrunkne Blicke werfen konnte … Ich kann in seinem Namen es mit »Wahrlich« beteuern, daß er beinahe mir nachgeschlagen wäre: ich hätte nämlich mit einem solchen warmquellenden Herzen, in einer solchen von Gold und Silber und Azur zugleich geschmückten Nacht vor allen Dingen einen Sprung getan in den Gasthof zur Sonne, an meines unvergeßlichen Freundes Leibgebers Herz.

Jean Paul

er Maikäfer gehört zu den Schuljungen

Der Maikäfer gehört nach der Meinung der Gelehrten zu den Insekten; das ist ein Irrtum; er gehört zu den Schuljungen. Niemals sieht man ihn anders als in deren Begleitung.
Oft gibt es drei Jahre lang keine, im vierten aber so viele, daß der Ausfall der schlechten Jahre reichlich wieder wettgemacht wird. Solche Jahre nennt man Flugjahre, obgleich es eigentlich Fluchjahre heißen muß, denn alle Leute, die sich aus Maikäfern nichts machen, führen dann unchristliche Reden, weil die Maikäfer die Bäume kahl fressen.

Die lebendigen Maikäfer haben vier bis fünf Beine, während die in Käfersammlungen befindlichen meist keine haben. Hin und wieder findet man dort einen, der eins hat, manche haben sogar zwei, es soll auch welche mit drei gegeben haben, doch ist diese Nachricht nicht verbürgt.

Der Maikäfer hat nur ein kurzes Leben. Wenn er sein Ende herannahen fühlt, begibt er sich in die Nähe eines Spatzen und spart so die Kosten der Beerdigung. Die Maikäferfrau legt, wohlgemerkt vorher, Eier in die Erde. Daraus kommen dann die Engerlinge, die drei Jahre gebrauchen, ehe sie sich verpuppen. Zu diesem Zwecke bauen sie in der Erde eine Höhle, ziehen ihr altes Kleid nebst den Beinen aus und werden zu einer Puppe. Aus der kriecht im Herbst der Käfer. Das ist die einzige Dummheit, die man diesem besonnenen Tiere bisher hat nachweisen können.

Über das Seelenleben der Maikäfer ist noch sehr wenig bekannt. Wir wissen nur, daß er zählen kann; wie weit aber, ob bis drei oder noch weiter, das ist noch nicht erforscht.

Hermann Löns

Der Specht

Wie ward dir, kleiner Specht, so große Kraft!
Von deinem Klopfen tönt der ganze Schaft
der hohen Kiefer. Wär auch mir vergönnt,
daß ich den Menschen so durchklingen könnt!

ogellied

*Mit einem leeren Vogelnest, welches dem Distelfinken
meiner Schwester zum Scherz in den Käfig gelegt wurde*

Es ist zwar sonsten nicht der Brauch,
Daß man's Nestchen baut,
Bevor man erst ein Weiblein auch
Sich angetraut:

Zirri Zirrli!
Erst ein Schätzchen,
Dann ein Plätzchen,
Zirri!
Am Birnbaum oder am Haselstrauch.

Allein ich dacht', du baust einmal
Auf gut Glück.
Schaden kann es auf keinen Fall;
Zirrwick Zirrliwick!
Gefällt's Ihr nicht, meine Jungfer Braut,
Es ist gleich wieder umgebaut.

Eduard Mörike

Geschichte eines Genies

»So wär' ich denn auf die Welt gekommen«, sagte der Schmetterling, schwebte über einen braunen Zweig hin und her und betrachtete die Gegend. Milde Märzsonne war über dem Park, drüben auf den Hängen lag noch einiger Schnee, und feucht glänzend zog die Landstraße zu Tal. Zwischen zwei Gitterstäben flog er ins Freie. ›Dieses also ist das Universum‹, dachte der Schmetterling, fand es im ganzen bemerkenswert und machte sich auf die Reise. Es fror ihn ein wenig, aber da er so rasch als möglich weiterflog und die Sonne immer höher stieg, wurde ihm allmählich wärmer.

Anfangs begegnete er keinem lebenden Wesen. Später kamen ihm zwei kleine Mädchen entgegen, die sehr erstaunt waren, als sie ihn gewahrten, und in die Hände klatschten. ›Ei‹, dachte der Schmetterling, ›ich werde mit Beifall begrüßt, offenbar seh' ich nicht übel aus.‹ Dann begegnete er Reitern, Maurergesellen, Rauchfangkehrern, einer Schafherde, Schuljungen, Bummlern, Hunden, Kindermädchen, Offizieren, jungen Damen; und über ihm in der Luft kreisten Vögel aller Art.

›Daß es nicht viel meinesgleichen gibt‹, dachte der Schmetterling, ›das hab' ich vermutet, aber daß ich der einzige meiner Art bin, das übertrifft immerhin meine Erwartungen.‹

Er segelte weiter, wurde etwas müde, bekam Appetit und ließ sich zum Erdboden nieder; aber nirgends fand er Nahrung.

›Wie wahr ist es doch‹, dachte er, ›daß es das Los des Genies ist, Kälte und Entbehrungen zu leiden. Aber nur Geduld, ich werde mich durchringen.‹

Indes stieg die Sonne immer höher, dem Schmetterling wurde wärmer, und mit neuen Kräften flog er weiter. Nun erhob sich die Stadt vor ihm, er schwebte durchs Tor, über Plätze und Straßen, wo sich viele Menschen ergingen; und alle, die ihn bemerkten, waren erstaunt, lächelten einander vergnügt zu und sagten: »Nun will es doch Frühling werden.« Der Schnetterling setzte sich auf den Hut eines jungen Mädchens, wo eine Rose aus Samt ihn anlockte, aber die seidenen Staubfäden schmeckten ihm durchaus nicht. ›Daran sollen es sich andre genügen lassen‹, dachte er, ›ich für meinen Teil will weiter hungern, bis ich einen Bissen finde, der meines Gaumens würdig ist.‹

Er erhob sich aus dem Kelch, und durch ein offenes Fenster schwebte er in ein Zimmer, wo Vater, Mutter und drei Kinder bei Tische saßen.

Die Kinder sprangen auf, als der Schmetterling über den Suppentopf geflattert kam, der große Junge haschte nach ihm und hatte ihn gleich bei den Flügeln.

›Also auch das muß ich an mir erfahren‹, dachte der Schmetterling nicht ohne Bitterkeit und Stolz, ›daß ein Genie Verfolgungen preisgegeben ist.‹ Diese Tatsache war ihm ebenso bekannt wie alle übrigen, denn da er ein Genie war, hatte er die Welt antizipiert.

Da der Vater dem Jungen einen Schlag auf die Hand gab, ließ er den Schmetterling los, und dieser flog eiligst wieder ins Freie, nicht ohne den Vorsatz, seinen Retter bei nächster Gelegenheit fürstlich zu belohnen.

Durch das Stadttor flatterte er wieder auf die Landstraße hinaus. ›Nun wäre es wohl genug für heute‹, dachte er. ›Meine Jugend war so reich an Erlebnissen, daß ich daran denken muß, meine Memoiren zu diktieren.‹

Ganz in der Ferne winkten die Bäume des heimatlichen Gartens. Immer heftiger wurde die Sehnsucht des Schmetterling nach einem warmen Plätzchen und nach Blütenstaub. Da gewahrte er mit einemmal irgend etwas, das ihm entgegengeflattert kam und im übrigen genauso aussah wie er selbst. Einen Augenblick lang stutzte er, gleich aber besann er sich und sagte: »Über diese höchst sonderbare Begegnung hätte sich ein anderer wahrscheinlich gar keine Gedanken gemacht. Für mich aber ist sie der Anlaß zu der Entdeckung, daß man in gewissen durch Hunger und Kälte erzeugten Erregungszuständen sein eigenes Spiegelbild in der Luft zu gewahren vermag.«

Ein Junge kam gelaufen und fing den neuen Schmetterling mit der Hand. Da lächelte der erste und dachte: ›Wie dumm die Menschen sind. Nun denkt er, er hat mich, und er hat doch nur mein Spiegelbild gefangen.‹

Es flimmerte ihm vor den Augen, und er wurde immer matter. Und als er gar nicht mehr weiter konnte, legte er sich an den Rand des Wegs, um zu schlummern. Die Kühle, der Abend kam, der Schmetterling schlief ein. Die Nacht zog über ihn hin, der Frost hüllte ihn ein. Beim ersten Sonnenstrahl wachte er noch einmal auf. Und da sah er vom heimatlichen Garten her Wesen herbeigaukeln, eines ... zwei ... drei ... immer mehr, die alle so aussahen wie er und über ihn hinwegflogen, als bemerkten sie ihn nicht. Müde sah der Schmetterling zu ihnen auf und versank in tiefes Sinnen. ›Ich bin groß genug‹, dachte er endlich, meinen Irrtum einzusehen. gut denn, es gibt im Universum Wesen, die mir ähnlich sind, wenigstens äußerlich.‹

Auf der Wiese blühten die Blumen, die Falter ruhten auf den Kelchen aus, nahmen herrliche Mahlzeiten ein und flatterten weiter.

Der alte Schmetterling blieb auf dem Boden liegen. Er fühlte eine gewisse Verbitterung in sich aufsteigen. ›Ihr habt es leicht‹, dachte er. ›Nun ist es freilich keine Kunst, zur Stadt zu fliegen, da ich euch den Weg gesucht habe und mein Duft euch auf der Straße voranzieht. Aber das tut nichts. Bleib' ich nicht der einzige, so war ich doch der erste. Und morgen werdet ihr am Rande des Weges liegen, gleich mir.‹

Da kam ein Wind über ihn geweht, und seine arme Flügel bewegten sich noch einmal sanft hin und her. ›Oh, ich beginne mich zu erholen‹, dachte er erfreut. ›Nun wartet nur, morgen flattere ich so über euch hin, wie ihr heut über mich geflogen seid.‹ Da sah er etwas Riesiges, Dunkles immer näher an sich herankommen. ›Was ist das?‹, dachte er erschrocken. ›Oh, ich ahne es. So erfüllt sich mein Los. Ein ungeheures Schicksal naht sich, um mich zu zermalmen.‹ Und während das Rad eines Bierwagens über ihn hinwegging, dachte er mit einer letzten Regung seiner verscheidenden Seele: ›Wo werden sie wohl mein Denkmal hinsetzen?‹

Arthur Schnitzler

ice Versa

Ein Hase sitzt auf einer Wiese,
Des Glaubens, niemand sähe diese.

Doch im Besitze eines Zeißes,
Betrachtet voll gehaltnen Fleißes

Vom vis-à-vis gelegnen Berg
Ein Mensch den kleinen Löffelzwerg.

Ihn aber blickt hinwiederum
Ein Gott von fern an, mild und stumm.

Christian Morgenstern

Heißa! Lustig im sonnigen Wetter

Hei-ßa! lus-tig im son ni-gen Wet-ter,

wenn durch Blü-ten und säu-seln-de Blät-ter

lieb-lich tö-net der Vö-gel Ge-schmet-ter, ei, wer

könn-te da trau-rig noch sein! sein!

Wenn die silbernen Quellen erklingen,
auf dem Anger die Blumen entspringen,
Schmetterlinge zum Reigen sich schwingen,
ei, wer könnte da traurig noch sein!

Freud' und Lust hat sich wieder gefunden:
was da krankte, das muss nun gefunden;
denn der Winter, er ist ja verschwunden,
ei, wer könnte da traurig noch sein!

Welch ein Streben und Schweben und Weben!
Welch lustiges, munteres Leben!
Selbst die Mücken im Reigentanz schweben;
ei, wer könnte da traurig noch sein!

Lasst uns singen und lasst uns scherzen!
Lasset schwinden alle Schmerzen!
Denn fürwahr! In frohe Herzen
kehret nur der Frühling ein.

M.: Wolfang Amadeus Mozart
T.: Augsut Heinrich Hoffman von Fallersleben

er Schalk

Läuten kaum die Maienglocken
Leise durch den lauen Wind,
Hebt ein Knabe froh erschrocken
Aus dem Grase sich geschwind,
Schüttelt in den Blütenflocken
Seine feinen blonden Locken,
Schelmisch sinnend wie ein Kind.

Und nun wehen Lerchenlieder,
Und es schlägt die Nachtigall,
Rauschend von den Bergen nieder
Kommt der kühle Wasserfall,
Rings im Walde bunt Gefieder: –
Frühling, Frühling ist es wieder
Und ein Jauchzen überall.

Und den Knaben hört man schwirren,
Goldne Fäden zart und lind
Durch die Lüfte künstlich wirren –
Und ein süßer Krieg beginnt:
Suchen, Fliehen, schmachtend Irren,
Bis sich alle hold verwirren. –
O beglücktes Labyrinth!

Joseph von Eichendorff

Gänseblümchen

Ein Gänseblümchen liebte sehr
ein zweites gegenüber,
drum rief's: »Ich schicke mit 'nem Gruß
dir eine Biene 'rüber!«

Da rief das andere: »Du weißt,
ich liebe dich nicht minder,
doch mit der Biene, das laß sein,
sonst kriegen wir noch Kinder!«

Heinz Erhardt

Wiener Lustbarkeiten

Wenige Hauptstädte in der Welt dürfen so ein Ding aufzuweisen haben, wie wir unsern Prater. Ist es ein Park? »Nein.« Ist es eine Wiese? »Nein.« Ist es ein Garten? »Nein.« Ein Wald? »Nein.« Eine Lustanstalt? »Nein« – Was denn? Alles dies zusammen genommen …

Viele Wiener mag es geben, die die Reize und Schönheiten des Prater nicht kennen, wenn er auch noch so besucht ist; denn so betäubend das Gewimmel an einige Stellen, besonders zu gewissen Zeiten ist, so einsam, wie in der größten Einöde, ist es an anderen, daß man wähnen sollte, wenn man diese Wiesen und Gehölze entlang schritte, müsse man eher zu einer armen Meierei gelangen, als zu der riesenhaften Residenz einer großen Monarchie – aber gerade die riesenhafte Residenz braucht einen riesenhaften Garten, in den sie ihre Bevölkerung ausgießt, und doch noch genug Teile leer läßt für den einsamen Wandler und Beobachter – wohl uns, daß wir den Prater haben. Der Wiener weiß das sehr gut, und wird er auch zuweilen etwas undankbar gegen seinen Prater, wie z. B. in den heißen Sommermonaten, so ist er zu anderen Zeiten demselben desto überschwänglicher zugetan, z. B. im Frühling, und namentlich an bestimmten Tagen, wo es bon ton ist, in den Prater zu fahren, und wer dies nicht kann, wenigstens zu gehen. Der erste und zweite Mai sind solche Tage, dann auch noch der Ostermontag und Pfingsten. Einen solchen Pratertag denke dir nun, entfernter Leser, und folge mir im Geiste dahin und laß dir auf diesem Papiere deuten, was wir sehen.

Es ist der erste Mai, etwas nach vier Uhr Nachmittages, und gerade auch Sonntag und der heiterste Himmel.

Wir gehen über die Ferdinandsbrücke in die Vorstadt Leopoldstadt, und wenden uns gleich rechts gegen die Jägerzeile, die zum Prater führt; die ganze schöne, ungemein breite Straße ist bedeckt mit einem schwarzen Strome von Menschen, so dicht wallend, daß, wenn man jemandem sagte, er bekomme ein Herzogtum, unter der Bedingung, daß er die ganze Straße entlang gehe, und an keinen Menschen streife, er sich dasselbe nicht verdienen könnte. Mitten in diesem Menschenstrome, wie Schiffe im Treibeise, gehen die Wagen, meist langsam, oft aufgehalten und zu vielen Minuten lang ganz stille stehend, oft aber, wenn die Wagenlinie Luft bekommt, an einander hinfliegend, wie glänzende Phantome an der ruhiger wandelnden Menge der Zuschauer. Hie und da hervorragend aus der Menge der Fußgänger, bald hin bald her der Wagenreihe vorüber, hüpfen die Gestalten der Reiter, und die meist prachtvollen Häuser dieser Straße stehen zu beiden Seiten ruhevoll aus dem schiebenden Menschengewimmel empor, und ihre Fenster und Balkon sind besetzt mit unzähligen Zuschauern, um den glänzenden Strom unter ihren Augen vorüber fluten zu sehen, und sich an Pracht und Schimmer und Flitter zu ergötzen; meist sind es Damen, die in allen Farben gekleidet in dies Frühlingstreiben selber wie leibhaftige blühende Frühlingsgesträuche von den Fenstern hernieder schauen. Man sollte meinen, die ganze Stadt sei um drei Viertel auf vier Uhr närrisch geworden, und wandle nun in ihrer fixen Idee da gerade diese Straße hinab, und du, und ich, geliebter Fremdling, wandeln auch mit. Dort durch den Staub herauf von der Öffnung der Straße blicken schon die hohen Bäume des Praters, dem wir alle zuströmen, als würde dort das ewige Heil ausgeteilt. Endlich ist die lange

Jägerzeile doch zu Ende, und die Straßen fahren wie in einem Sterne auseinander und der Menschenknäuel lüftet sich …

Zu beiden Seiten sind schattige Alleen, eine für die Fußgänger, die andere für die Reiter; mitten in der Straße fahren die vielen tausend Wägen, einer hart an dem andern, der Sicherheit wegen auf einer Seite hinab, auf der andern hinauf, und diesen Kreis machen viele oft mehrmals, um zu sehen, und gesehen werden – das ist denn nun eigentlich der Ort, wo sich augenbetäubend Farbe an Farbe drängt, Reiz auf Reiz, Pracht auf Pracht, Masse an Masse, Bewegung auf Bewegung, so daß dem schwindelt, der es nicht gewohnt ist. Zu beiden Seiten der Straße stehen dicht gedrängt die Zuschauer, und hinter ihren Rücken wogt der bunte Strom der Spaziergänger, während in der Mitte Wagen an Wagen rollt, eine glänzende, schimmernde Linie, wohl über eine halbe Meile lang. Dort schwebt in einem Wagen, der so leicht wie ein Luftschiff geht, die Dame des höchsten Standes vorüber, prachtvoll einfach gekleidet, mit wenigen, aber kostbaren Schmuckstücken geziert, gleich hinter ihr die Familie eines reichen Bürgers, dort ein Wagen voll fröhlicher Kinder, die ihres Staunens und Jubelns kein Ende finden über die Pracht, die sie umschwebt, hier kommt ein Mann ganz allein in seinem Wagen stehend, und mit vier unvergleichlichen Pferden zum ersten Male paradierend; jetzt sprengen Reiter vorüber, und grüßen in einen Wagen, aus dem die schönsten Antlitze entgegen nicken, dort sitzt ein einsamer alter Mann in seiner schweren Karosse, er ist in feines Schwarz gekleidet, und trägt viele winzig kleine Kreuzlein auf seiner Brust, dann kommt ein Fiaker mit seligen Kaufmannsdienern oder Studenten – dann andere und wieder andere, und vor den Augen tanzt es dir vorüber, als wollte es sich nie erschöpfen, und aus Glanz und Schimmer wieder Glanz und Schimmer qellen, und wie es auch so treibt und wallt und quillt, so siehst du doch dort ein Schauspiel, wie es nur der Prater bieten kann; ganz nahe an der geputzten Menge steht ein Hirsch, das stattliche Geweih zurückhaltend, und mit den dummklugen Augen in das Gewühl glotzend; er hat es wohl oft gesehen, aber so toll nicht wie heute, drum schaut er auch einige Augenblicke und geht dann wieder abseits in seine Auen zurück; auch von den Menschen wundert sich keiner, denn sie wissen es ja, der Prater ist für Hirsche und Spaziergänger. Und dort flutet es, und fort – und wie auch die Pracht der Gewänder, die Schönheit der Pferde und Wagen, das Wallen der Federn, das Blitzen der Geschmeide dein Auge blenden, so taucht doch, und nicht selten geschieht es, in dem Gewimmel oft ein Antlitz auf, das alles vergessen macht, wie es in seiner sanften Schönheit deinem Auge vorüberschwimmt, daß du ihm gerne nachschauest, und es dir öfter ist, als wärest du ärmer, da es vorüber. Warte nur, Wien ist so dürftig nicht an Frauenschönheit, es kommt vielleicht bald wieder ein gleiches, oder gar noch ein schöneres. Sieh, was reißt dort alles die Hüte ab die ganze Linie entlang? Sechs Schimmel ziehen einen schönen Wagen – wer sitzt drinnen? – Der Kaiser und die Kaiserin. Du wunderst dich? Hast du dies in Paris nicht gesehen? Hier grüßt man und staunt nicht, daß sie wie Private unter Privaten fahren; man ist es gewohnt, und sie wissen, daß sie im dichtesten Volksgedränge so sicher sind, wie in ihrem Palaste. – Schau, auch der Held von Aspern ist da; siehst du, jener schwarze Mann ist es, der mit den andern in der Reitallee geht, und den alle grüßen – und warte nur, gewiß sehen wir auch noch andere aus dem hohen Hause, wie sie das heutige Vergnügen teilen und mitgenießen. Dort fährt er hinab der Sechsspänner, und fügt sich in die heutige Wagenordnung ebenso, wie dieser Fiaker, der eben mit zwei Braunen vorüberkeucht.

Doch laß uns nun die Allee hinab gehen, und dann auch seitwärts, um zu sehen, was der Prater noch zu bieten hat, außer dieser sinnbetörenden Flut von Gesichtern, Kleidern und Equipagen. Aber wie wir immer tiefer und tiefer hinab kommen, ist es, als würde es immer ärger; der Knäuel wird dichter und ruhiger. Links am Wege stehen Restaurationshäuser, die sogenannten Praterkaffeehäuser; aus ihnen erschallt Musik; unter den Bäumen stehen viele tausend Sessel, überwuchert mit buntem Menschengestrüppe, – das redet, das lacht, das braust, das klingelt an die Gläser, ruft nach Kellner und Marqueur – und vorüber den Augen auf und ab haspelt sich dasselbe Ziehen und Rollen der glänzenen Wagen, und so weit das Auge schaut, ist es, als nähme die Allee kein Ende.

So wie sich hier die gewähltere Gesellschaft treibt, so treibt sich weiter links das eigentliche Volk, ihm ist aber bloßes Spazierengehen oder Fahren weitaus nicht genug, sondern es verlangt nach reelleren Freuden, und diese nun sind rings und überall ausgebreitet. Trete hier links heraus aus dem Strome der Hauptallee – ein großer Rasenplatz, mit uralten Bäumen besetzt, nimmt uns auf, und auf ihm herumgestreut liegen alle die Anstalten zum Vergnügen des Volkes: da sind alle möglichen Kosmo-Pano-Dioramen; alles, was je berühmt war, steht von Wachs in jener Hütte. Einer läßt sich sehen, weil er zu groß, ein anderer, weil er zu klein ist; einer frißt Feuer, ein anderer speit Seidenbänder, und auf der Brust eines dritten wird wie auf einem Amboss schrecklich gehämmert, und darunter schallt das Klopfen und Klingeln des Wurstls, der in seiner hohen schmalen Brude eben wieder sein neues Spiel beginnt; dort um die Kneipe herum schießt der dichte Salpeter der Trinkgäste an, so fast, daß man meint, die arme Hütte könne sich inmitten der Leute nicht rühren. Einer oder zwei ragen über die andern empor, und spielen Szenen von einer

Bühne herab, die gepriesen und belacht werden, auf der andern Seite des Baumes deklamiert einer, und der Harfenist reißt wütige Töne auf den Saiten, um mit dem Gesange seiner Begleiterin durchzudringen, und dicht neben ihm werden Limonien und Pfeifen ausgespielt, während von etwas ferner die schwachen Töne eines Leierkastens herüberklingen, und mit den Gläsern wird geklopft, und es wird gerufen, und Spaziergänger und Zuschauer winden sich durch das Wirrsal – und wendest dud ich ab, so steht dort unter noch größeren Bäumen wieder eine solche Kneipe, und rechts wieder eine, und weiter ab wieder eine – überall ist dasselbe Bild, oder noch ein lebhafteres: Dort auf mehreren Schaukeln werden ganze Frachten von Menschen geschaukelt, daß die Stricke knarren, und sich die Bäume biegen. Andere werden wie echtes Garn abgehaspelt, und zwei Liebende geraten in Zwiespalt, da sie schon, er aber noch nicht nach Hause gehen will. –

Du befindest dich, fremder Leser, wie hier beschrieben, mitten in dem sogenannten Wurstelprater, der seinen Namen von dem Hanswurst hat, der aber schon längst gestorben ist. War der Glanz und Prunk in der Hauptallee, der sich doch vergleichsweise ruhig vor deinen Augen entfaltete, schon denselben betäubend, so ist es zwar hier nichts weniger, als auf Glänzen und Prunken abgesehen, aber wenn du dieses Elementes nicht gewohnt bist, oder mächtig werden kannst, so zerrüttet es dir die Vernunft, und ich kannte einen ernsthaften Herrn mit schwachen Nerven, der hielt sich den Kopf, weil er behauptete, er fühle es, wie ihm die Knochen auseinander gehen – aber sieh! das ist echte gesunde Volkslust, die sich das Volk selber gibt, und die ihm wohl bekommt; laß sie drollen und jubeln, und mitunter derb; denn diese da brauchen den Wein der Freude etwas zu stark und sauer, weil er die ganze folgende dumpfe Arbeitszeit nachhalten muß, die sie zu

überstehen haben, bis wieder ein Fest kommt, wie das heutige – darum freut sich auch der Arbeiter wochenlang darauf,
und er ließe es nicht aus, er läge denn auf dem Sterbebette –
und ich denke, da schon ein guter Teil der Menschen dazu verurteilt ist, namentlich in der Stadt, seine meiste Lebenszeit in
dumpfen, engen Werkstätten zuzubringen mit einem dumpfen
engen Geiste, so darf man es ihm wohl gönnen, ja man soll
ihn dazu ermuntern, daß er auch einmal sein Auge auftue,
seine Seele erweitere, und Lust und Freude walten lasse. – Ist
dem Krittler diese Lust und Freude nicht zuständig, oder zu
roh, so bedaure er lieber, statt zu schelten, daß eben die Lage
des Mannes ihm nicht erlaubte, sich in seiner Jugend so
heranzubilden, daß ihm höhere Freude munde – Zerstöre ihm
nicht die Lust, o Krittler, mit deinem essigsauren ästhetischen
Gesichte; geh lieber weg – oder bleib stehen, sie schauen dich
ohnehin nicht an. Ein lustiges Volk ist auch ein gutes Volk, und
das wissen wir hier am Donaustrande recht wohl, und es freut
uns, daß es gerade bei uns so ist, und Arbeit und Lust, und
Lust und Arbeit, das mischt sich so bei dem Wiener, daß du
nicht weißt, ist das eine oder ist das andere die Hauptsache –
es mögen's wohl beide sein – du kennst es ja das lustige Volk
der Fajaken, immer ist Sonntag, »es dreht sich immer der Braten am Spieß.«

Weile noch einige Augenblicke hier, – du weißt, Wien ist die
Stadt der Musik – daher auch hier Musik genug; türkische, der
Leiermann, der Harfenist und Bänkelsänger, schwärmerische
Handwerksgesellen mit Guitarren, dort zwei Jungfrauen, die
eine Romanze absingen, ewig um eine Quint von einander
abstehend, wie zwei parallele Linien – heimkehrende Freund-
schaftsketten, die den Rinaldo Rinaldini singen – hie und da
in den Händen eines Knaben eine Harmonika – und nun kommen auch noch die Zigeuner, seltsame, starre Gesellen, ein

Traum aus einer urfrühen Zeit der Weltgeschichte übrig gebliebener Gestalten, unberührt von der Gegenwart; darum wirst du gleich hören, wie sie, und wären sie schon ein Menschenleben lang im Prater gesessen, dennoch unberührt von dem Geist und der Weise unserer Töne ihr altes Klingen anheben, feurig melancholisch, wie ihr Auge, und phantastisch verworren hinschlürfend, wie der Faden ihrer Geschichte durch die andern Schicksale der Welt – und in höher ziehenden Tönen ihrer Geigen ist ein Klagen und Trotzen, daß es mir immer unheimlich werden will, mich aber dennoch nicht fortläßt – von dieser eigentümlich exotischen Poesie. Dazu, sieh nur einmal an, der die erste Violine streicht, und den, der das Zymbal schlägt, wie der eine den Bogen führt und zieht, fast graziös, wie ein Virtuose, und wie der andere den Klöppel handhabt, und beide so ernst und fast traurig das Weiß ihrer Augen vordrehen aus den tiefbraunnen Gesichtern – und wie es auch lärmt und wogt und musiziert rings herum, so macht sich ihre Musik doch Platz – als ein fremdes Element, und schreit und singt aus der andern heraus, erkennbar auf so weit, als man überhaupt noch Töne vernehmen kann.

Sie werden immer toller und toller, und streichen und streichen, daß die Töne wie Raketenstreifen steigen. – Jetzt ist der Wirrwarr erst vollendet, der Menschen werden immer mehr, auch Equipagen kommen, um zuzuschauen; der Wein beginnt zu wirken; singende Stimmen erheben sich hier und dort, – nur zwei Gäste sind ganz still und freundlich: die liebe Abendsonne, die ihr Licht durch den rötlichen Staub und um alle Menschenantlitze gießt, und die zarten Laubknospen auf den riesenhaften Bäumen, die die laue Lenzluft empfinden, und sich stündlich wohler fühlen und größer werden.

Adalbert Stifter

*E*in Blümlein hübsch und fein

Sie war ein Blümlein hübsch und fein,
hell aufgeblüht im Sonnenschein.
Er war ein junger Schmetterling,
der selig an der Blume hing.
Oft kam ein Bienlein mit Gebrumm
und nascht und säuselt da herum;
oft kroch ein Käfer kribbelkrab
am hübschen Blümlein auf und ab.

Ach Gott, wie das
dem Schmetterling
so schmerzlich
durch die Seele ging.
Doch was am meisten ihn entsetzt,
das Allerschlimmste kam zuletzt:
Ein alter Esel fraß die ganze
von ihm so heiß geliebte Pflanze.

Wilhelm Busch

Frühlingsvormittag

Für Mary

Natürlich kommst du erst einmal ein Viertelstündchen zu spät – und dann mußt du lachen, wie du mich da so an der Uhr stehen siehst, und dann sagst du: »Die Uhr geht überhaupt falsch!« Uhren, an denen sich Liebespaare verabreden, gehen immer falsch. Und dann gondeln wir los.

Das ist ein zauberischer Vormittag. Du trägst ein weich gefaltetes, weites Kleid, ganz hell, was dich noch blonder macht, einen kleinen Trotteur, wie ich ihn gern habe, und deine langen, zarten Wildlederhandschuhe; du duftest ganz zart nach irgend etwas, was du als Lavendel ausgibst – und was das Verzaubertste an diesem hellen Tage ist –: wir sprechen nicht ein einziges Mal von Zahlen. Es ist ganz merkwürdig und unberlinisch. Leider: ganz undeutsch.

Du sprichst von Kurland. Wie sich auf dem lettischen Bahnhof Männlein und Weiblein und Kindlein einträchtig in der Nase bohrten, der ganze Bahnhof bohrte in der Nase: Gendarmen, Bauern, Schaffner und Lokomotivführer. Ich finde, daß das dem Nachdenken sehr förderlich sei, und das willst du wieder nicht glauben. Doch. Der Ausdruck: »in der Nase grübeln ...« Weiter. Und dann erzählst du von den langen, langen Spaziergängen, die man in Kurland machen kann – und mir wird das Herz weit, wenn ich an das schönste Land denke, das wir beide kennen: Gottes propprer Protzprospekt für ein unglücklicherweise nicht geliefertes Deutschland.

Und dann gehen wir an kleinen Teichen vorbei, an einem steht seltsamerweise nicht einmal eine Tafel mit:

Verboten – und wir wundern uns sehr. Und du patschst mit deinen neuen Lackhalbschuhen (du freundliche Mühlenaktie!) in einen Tümpel, und ich bin an allem schuld – und überhaupt. Aber dann ist das vorbei ...

Und in deinen Augen spiegelt sich der helle Frühlingstag, du siehst so fröhlich aus, und ich muß immer wieder darauf gucken, wie du dich bewegst. Und wieder sprechen wir von Rußland und von deiner Heimat. Was ist es, das dich so bezaubernd macht –?

Du bist unbefangen.

Und ich will dir mal was sagen:

Bei uns tun die feinen Leute alles so, wie es in ihren Zeitschriften drin steht – und immer sehen sie sich fotografiert, fein mit Ei und durchaus »richtig«. Ihr überlegt gar nicht so viel. Ihr seid hübsch, und damit gut. Und Ihr geht, schreitet, lacht, fahrt und trinkt so, wie es euch eure kleine Seele eingegeben hat – ohne darüber nachzudenken, wie das wohl »aussieht«. Aber Ihr fühlt immer, wie es aussieht – und Ihr wollt immer, daß es hübsch aussehen soll. Und nichts ist euch unwichtig, und alles erheblich genug, um es mit Freude zu tun. Der Weg ist das Ziel.

Aber da hält ein Auto, darinnen sitzt Herr Kolonialwarenhändler Mehlhake (A.-G. für den Vertrieb von Mehlhakeschen Präparaten – »Wissen Se, schon wejen der Steuer!«), und so sieht auch alles aus: Frau Mehlhake ist so schrecklich richtig angezogen, daß wir aus dem Lachen und sie aus der feinsten Lederjacke nicht herauskommt, die kleinen Mehlhakes haben alle Automobilbrillen und schmutzige Fingernägel – und das Auto kostet heute mindestens seine ...

Aber wir wollten ja nicht von Zahlen sprechen an diesem Frühlingsvormittag.

Das Auto staubt davon. Wir gehen weiter, wir Wilden, wir bessern Menschen.
Denn mit dem Stil ist das wie mit so vielen Dingen: man hat ihn, oder man hat ihn nicht.

Kurt Tucholsky

ertraut

Wie liegt die Welt so frisch und tauig
Vor mir im Morgensonnenschein.
Entzückt vom hohen Hügel schau ich
Ins frühlingsgrüne Tal hinein.

Mit allen Kreaturen bin ich
In schönster Seelenharmonie.
Wir sind verwandt, ich fühl es innig,
Und eben darum lieb ich sie.

Und wird auch mal der Himmel grauer;
Wer voll Vertraun die Welt besieht,
Den freut es, wenn ein Regenschauer
Mit Sturm und Blitz vorüberzieht.

Wilhelm Busch

Maienfreude

Das früheste Spiel des Frühlings ist der Ball in der Dorfstraße oder auf dem sprießenden Anger, er wird von jung und alt, von Männern und Frauen geschwungen. Wer den bunten Federball zu werfen hat, sendet ihn mit einem Gruße nach einem, den er liebhat. Die behänden Bewegungen, der kräftige Wurf, die kurzen Zurufe an Freunde oder Gegner sind die Freude der Zuschauer und der Spielenden. Und kommt der sonnige Mai, dann holen die Mädchen den Festschmuck aus der Lade und winden Kränze in ihr Haar und das ihres Freundes. So ziehen sie bekränzt und mit Bändern geschmückt, den Handspiegel als Zierrat an der Seite, mit ihren Gespielen auf den Anger, wohl hundert Mädchen und Frauen sind dort zum Reihen versammelt. Dorthin eilen auch die Männer, zierlich ist ihre Tracht, das Wams mit bunten Knöpfen besetzt, vielleicht sogar mit Schellen, welche eine Zeitlang der anspruchsvolle Schmuck der Vornehmen sind, die Seide fehlt nicht, wie im Winter die Pelzverbrämung. Der Gürtel ist wohlbeschlagen mit glänzendem Metall, ein Eisenhemd ist in das Kleid gesteppt, die Spitze des Schwertes klingt beim Gehen an die Ferse. Die stolzen Knaben sind voll Freude am Kampfe, herausfordernd, jeder eifersüchtig auf seine Geltung. Mit Leidenschaft werden die großen Reihen getanzt, kühn sind die Sprünge, voll Jubel die Freude, überall die Poesie einer fröhlichen Sinnlichkeit. Laut singt der Chor der Umstehenden den Text des Reihens, leise singt das Mädchen die Weise mit. Und noch größer wird unser Befremden, wenn wir den Rhythmus und Text dieser alten Volkstänze betrachten, es ist eine Grazie nicht nur in der Sprache, auch in den menschlichen Verhältnissen, die vielmehr an die antike Welt erinnert als an die Empfindung unserer Landsleute. Auf einleitenden Strophen, welche in zahllosen Variationen das Aufgehen des Frühjahres rühmen, folgen andere zum Teil in lockerem Zusammenhange wie improvisiert, den Schnaderhüpfeln ähnlich, welche sich in Oberdeutschland bei Volkstänzen bis jetzt erhalten haben.

Gustav Freytag

Frühlingsball der Tiere

Es war die erste Maiennacht.
Kein Mensch im Dorf hat mehr gewacht.
Da hielten, wie es stets der Fall,
Die Tiere ihren Frühlingsball.

Die Gans, die gute Adelheid,
Fehlt nie bei solcher Festlichkeit,
Obgleich man sie nach altem Brauch
Zu necken pflegt. So heute auch.

Frau Schnabel, nannte sie der Kater,
Frau Plattfuß, rief der Ziegenvater;
Doch sie, zwar lächelnd aber kühl,
Hüllt sich in sanftes Selbstgefühl.

So saß sie denn in ödem Schweigen
Allein für sich bei Spiel und Reigen,
Bei Freudenlärm und Jubeljux.

Sieh da, zum Schluß hat auch der Fuchs
Sich ungeladen eingedrängelt.
Schlau hat er sich herangeschlängelt.

Ihr Diener, säuselt er galant,
Wie geht's der Schönsten in Brabant?
Ich küß' der gnäd'gen Frau den Fittich.
Ist noch ein Tänzchen frei, so bitt ich.

Sie nickt verschämt: O Herr Baron!
Indem, so walzen sie auch schon.
Wie trippeln die Füße, wie wippeln die Schwänze
Im lustigen Kehraus, dem letzten der Tänze.
Da tönt es vier mit lautem Schlag.
Das Fest ist aus. Es naht der Tag.

Bald darauf im frühsten Morgenschimmer
Ging Mutter Urschel aus wie immer
Mit Korb und Sichel, um verstohlen
Sich etwas fremden Klee zu holen.
An einer Hecke bleibt sie stehn:
Herrje, was ist denn hier geschehn?
Die Füchse, sag ich, soll man rädern.
Das sind wahrhaftig Gänsefedern.
Ein frisches Ei liegt dicht daneben.
Ich bin so frei, es aufzuheben.
Ach, armes Tier, sprach sie bewegt,
Dies Ei hast du vor Angst gelegt.

Wilhelm Busch

Juni

Leichtherzig ist die
Sommerzeit!
Getändelt wird, geküßt, gefreit,
Ein Kränzel auch wohl wird
gemacht,
An Hochzeit nimmer gern
gedacht.

Theodor Storm

Flüchtig ist die Zeit

Rosen pflücke, Rosen blühn,
Morgen ist nicht heut!
Keine Stunde lass entfliehn,
Flüchtig ist die Zeit!

Trink' und küsse! Sieh, es ist
Heut Gelegenheit;
Weißt du, wo du morgen bist?
Flüchtig ist die Zeit!

Aufschub einer guten Tat
Hat schon oft gereut!
Hurtig leben ist mein Rat,
Flüchtig ist die Zeit!

Johann Wilhelm Ludwig Gleim

Zur Fotografie eines Konfirmanden

Da steht er nun, als Mann verkleidet,
und kommt sich nicht geheuer vor.
Fast sieht er aus, als ob er leidet.
Er ahnt vielleicht, was er verlor.

Er trägt die erste lange Hose.
Er spürt das erste steife Hemd.
Er macht die erste falsche Pose.
Zum ersten Mal ist er sich fremd.

Er hört sein Herz mit Hämmern pochen.
Er steht und fühlt, daß gar nichts sitzt.
Die Zukunft liegt ihm in den Knochen.
Er sieht so aus, als hätt's geblitzt.

Womöglich kann man noch genauer
erklären, was den Jungen quält:
Die Kindheit starb; nun trägt er Trauer
und hat den Anzug schwarz gewählt.

Er steht dazwischen und daneben.
Er ist nicht groß. Er ist nicht klein.
Was nun beginnt, nennt man das Leben.
Und morgen früh tritt er hinein.

Erich Kästner

ie Eisheiligen

Die Eisheiligen stehen mit steif gefrorenen Bärten,
aus denen der kalte Wind Schneekörner kämmt,
früh plötzlich in den blühenden Frühlingsgärten,
Nachzügler, Troß vom Winter, einsam, fremd.

Eine kurze Weile nur sind sie hilflos, betroffen,
dann stürzt die Meute auf den Blumenpfad.
Sie können nicht, sich lang zu halten, hoffen;
so wüsten sie in sinnlos böser Tat.

Von den Kastanien reißen sie die Kerzen
und trampeln tot der Beete bunten Kranz,
dem zarten unschuldsvollen Knospenglück bereiten
sie hohnlachend Schmerzen,
zerstampfen junges Grün in geisterhaft
verbißnem Kriegestanz.

Plötzlich mitten in all dem Toben und Rasen
ist ihre Kraft vertan,
und die ersten warmen Winde blasen
aus der Welt den kurzen Wahn.

Max Herrmann-Neisse

Die Amseln haben Sonne getrunken

Die Amseln haben Sonne getrunken,
Aus allen Gärten strahlen die Lieder,
In allen Herzen nisten die Amseln,
Und alle Herzen werden zu Gärten
Und blühen wieder.

Nun wachsen der Erde die großen Flügel
Und allen Träumen neues Gefieder,
Alle Menschen werden wie Vögel
Und bauen Nester im Blauen.

Nun sprechen die Bäume im grünen Gedränge
Und rauschen Gesänge zur hohen Sonne,
In allen Seelen badet die Sonne,
Alle Wasser stehen in Flammen,
Frühling bringt Wasser und Feuer
Liebend zusammen.

Max Dauthendey

Geh aus, mein Herz, und suche Freud

Geh aus, mein Herz, und su - che Freud, in
die - ser lie - ben Som - mer - zeit an dei - nes
Got - tes Ga - ben; schau an der schö - nen
Gär - ten Zier und sie - he, wie sie
mir und dir sich aus - ge - schmü - cket
ha - ben, sich aus - ge - schmü - cket ha - ben.

Die Bäume stehen voller Laub,
das Erdreich decket seinen Staub
mit einem grünen Kleide;
Narzissus und die Tulipan,
die ziehen sich viel schöner an
als Salomonis Seide.

Die Lerche schwingt sich in die Luft,
das Täublein fliegt aus seiner Kluft
und macht sich in die Wälder;
die hochbegabte Nachtigall
ergötzt und füllt mit ihrem Schall
Berg, Hügel, Tal und Felder.

Die Glucke führt ihr Völklein aus,
der Storch baut und bewohnt sein Haus,
das Schwälblein speist die Jungen,
der schnelle Hirsch, das leichte Reh
ist froh und kommt aus seiner Höh
ins tiefe Gras gesprungen.

Die Bächlein rauschen in dem Sand
und malen sich an ihrem Rand
mit schattenreichen Myrten;
die Wiesen liegen hart dabei
und klingen ganz vom Lustgeschrei
der Schaf und ihrer Hirten.

Die unverdroßne Bienenschar
fliegt hin und her, sucht hier und da
ihr edle Honigspeise;
des süßen Weinstockes starker Saft
bringt täglich neue Stärk und Kraft
in seinem schwachen Reise.

Der Weizen wächset mit Gewalt;
darüber jauchzet jung und alt
und rühmt die große Güte
des, der so überfließend labt

und mit so manchem Gut begabt
das menschliche Gemüte.

Ich selber kann und mag nicht ruhn,
des großen Gottes großes Tun
erweckt mir alle Sinnen;
ich singe mit, wenn alles singt,
und lasse, was dem Höchsten klingt,
aus meinem Herzen rinnen.

Ach, denk ich, bist du hier so schön
und läßt du's uns so lieblich gehn
auf dieser armen Erden:
was will doch wohl nach dieser Welt
dort in dem reichen Himmelszelt
und güldnen Schlosse werden.

Welch hohe Lust, welch heller Schein
wird wohl in Christi Garten sein!
Wie muß es da wohl klingen,
da so viel tausend Seraphim
mit unverdroßnem Mund und Stimm
ihr Halleluja singen.

O wär ich da! O stünd ich schon,
ach süßer Gott, vor deinem Thron
und trüge meine Palmen:
so wollt ich nach der Engel Weis
erhöhen deines Namens Preis
mit tausend schönen Psalmen.

Doch gleichwohl will ich, weil ich noch
hier trage dieses Leibes Joch,
auch nicht gar stille schweigen;
mein Herze soll sich sich fort und fort
an diesem und allem Ort
zu deinem Lobe neigen.

Hilf mir und segne meinen Geist
mit Segen, der vom Himmel fleußt,
daß ich dir stetig blühe;
gib, daß der Sommer deiner Gnad
in meiner Seele früh und spat
viel Glaubensfrüchte ziehe.

Mach in mir deinem Geiste Raum,
daß ich dir werd ein guter Baum,
und laß mich Wurzel treiben.
Verleihe, daß zu deinem Ruhm
ich deines Gartens schöne Blum
und Pflanze möge bleiben.

Erwähle mich zum Paradeis
und laß mich bis zur letzten Reis
an Leib und Seele grünen,
so will ich dir und dener Ehr
allein und sonsten keinem mehr
hier und dort ewig dienen.

T.: Paul Gerhardt
M.: August Harder

Pfingsten

Das Fest der Pfingsten kommt im Hall der Glocken,
Da jauchzt in Frühlingsschauern die Natur;
Auf jedem Strauch des Waldes und der Flur
Schwebt eine Ros' als Flamme mit Frohlocken.

Emanuel Geibel

lumenkinder

Die Blumen sind eigentlich eine Geburt des lieblichen Frühlings und gleichsam wie der Himmel mit den schimmernden Sternen prangt, so nicht weniger ziert sich der Erdboden mit den vielfarbigen Blumen. Daher das menschliche Auge fast keine bessere Weid haben kann, als in Ansehung der unterschiedlichen Blumen. Da verliebt sich eine Jungfrau in die Lilie, ein Weinschlauch in die Märzenbecher, ein Geizhals in die Goldblumen, ein Verliebter in die Tausendschönchen, ein Frommer in die Passionsblume, die von den Spaniern Granadila genannt wird, und ein Ehrfürchtiger in eine Königskerze.

Abraham a Sancta Clara

er Nachtigall Pfingstgesang

Zu Pfingsten sang die Nachtigall,
Nachdem sie Tau getrunken;
Die Rose hob beim hellen Schall
Das Haupt, das ihr gesunken!

O kommt ihr alle trinkt und speist,
Ihr Frühlingsfestgenossen,
Weil übers irdsche Mal der Geist
Des Herrn ist ausgegossen.

Die Himmelsjünger groß und klein
Sind von der Kraft durchdrungen,
Man hört sie reden insgemein
Zu wunderbaren Zungen.

Und da ist keine Zung am Baum
Kein Blatt ist da, so kleines,
Es redet auch mit drein im Traum,
Als sei's voll süßen Weines.

Oh, Ihr Apostel, gehet aus
Und predigt allen Landen
Mit Säuselluft und Sturmesbraus
Von dem, der ist erstanden!

Legt aus sein Evangelium,
Auf Frühlingsau'n geschrieben,
Daß er uns lieben will darum,
Wenn wir einander lieben.

Wer liebend sich ans Nächste hält
Und will nur das gewinnen,
Umfaßt darin die ganze Welt,
Und Gott ist mitten drinnen!

Friedrich Rückert

Pfingsten 1896

Das Schönste war die Erwartung. Sekundaner war ich und in festlicher Stimmung, nicht nur wegen der Feier- und Ferientage. Ich hatte das Pfingstkapitel der Apostelgeschichte zum ersten Mal griechisch gelesen und das wunderbare Wort γλωσσολαλειν »in Zungen reden« mit junger Innigkeit geliebt.

Auch im Hause bereitete das Fest sich vor. Unser Mädchen, die kräftige, muntere Toni, deren Nähe mich oft mehr beschäftigte, als ich mir einzugestehen wagte – denn mit Bewusstsein liebte ich ein zartes Fräulein unseres Kreises verehrerisch von ferne –, die Toni also hatte ihre neuen weißleinenen Schnürschuhe mit einer kreidigen Masse eingerieben und ins sonnenoffene Küchenfenster gestellt. Die wollte sie zu Pfingsten tragen, wenn sie mit ihrem Schatz ausging. Hoffentlich bekam er Urlaub: Er war bei der Marine, musste von Kiel herkommen nach Berlin, es konnte allerhand Hindernisse geben. Aber wenn er kam, dann würde sie in diesen schönen damals modernen Schuhen mit ihm ausgehen und dazu den großen neuen Strohhut aufsetzen. Ich aber, wenn alles nach Wunsch ging, hatte Aussicht, an einem Ausflug befreundeter Familien teilzunehmen, den auch sie, die ich verehrte, wahrscheinlich mitmachen würde. Es war noch nicht entschieden, ob eine Kremserpartie nach Tegel oder eine Spreedampferfahrt nach Grünau oder nach der Woltersdorfer Schleuse gemacht werden sollte. Ich malte mir für beide Fälle meine Chancen aus. Im Kremser saß man mit all den anderen dicht zusammen, da konnte ich nicht gut mit ihr reden. Wenn aber dann im Tegeler Park das Picknick ausgebreitet würde und die anderen sich gierig auf das Futter stürzten, würde sie sich gewiss etwas abseits halten, und dann konnte ich mich gut zu ihr gesellen. Auf dem Spreedampfer hingegen war mehr Spielraum. Hockte die Menge nah um die Musik herum, so war Aussicht, dass Martha gelegentlich ans Heck ging oder auf die Kommandobrücke. Ich hatte ihr so viel zu sagen, vielleicht würde ich es fertig bringen, ihr gar meine Gedanken über das Zungenreden mitzuteilen. Es gab da so verführerische Vergleiche. Kommt nicht auch die Liebe über uns wie die pfingstlichen Feuerzungen, die sich auf die Häupter der Erwählten setzen? Ist sie nicht auch die fremde und gemeinsame Sprache, in der man einander versteht? Mein Kopf war voll demütiger und eitler Gedanken.

Pfingstsonntagmorgen war strahlendes Wetter. Wir fuhren Spreedampfer, aber beständig saß mein erwachsener witziger Vetter Edgar neben Martha. Mich beachtete sie kaum. Gleich hinter der Jannowitzbrück hatte er sich zu ihr gesellt. Und als die Kapelle zu musizieren begann, reichte er ihr einen Kalmusstängel zum Blasen und nahm selbst einen an die Lippen. Bei ihm wars mir gleichgültig, dass er die Backen aufblies. Aber Martha, die doch sonst »Wangen« und keine Backen hatte, konnte ich nun, als sie blies, nicht ansehn, sonst bekam auch sie Backen. Die beiden waren sehr miteinander beschäftigt und sahen kaum auf die vor-übergleitenden Ufer. Nur manchmal, wenn feiertägliche Spaziergänger vom Lande dem Dampfer zuwinkten, winkten Edgar und Martha auch ein bissen. Sie mit seidenem Tüchlein. Und dann musste sie wieder über einen Spaß von Vetter Edgar lachen. Aber auf der Heimfahrt rückte sie mit einmal von ihm weg. Sie hatte sich über ihn geärgert. Sie stand auf, nahm mich am Arm und setzte sich mit mir abseits von den andern nieder. Mir wurden die abendlichen Ufer mit ihren mageren Kiefernwäldern zur tropischen Landschaft. Unablässig hingen Marthas Blicke an der gleitenden Ferne. Und ich saß schweigsam neben ihr, aber meine Augen folgten den ihren und ich meinte in pfingstlicher Eintracht ihre Gedanken zu denken.

Inzwischen aber hatte der Himmel sich verfinstert. Gewitter grollte. Die ersten Tropfen fielen. Und der Vetter kam an und hatte einen Schirm. Ich hatte keinen. Sie ging unter seinen. »Es war doch so schönes Wetter gewesen«, sagte sie, und dann – ein bisschen dümmlich –: »Ja, der Mensch denkt und Gott lenkt.«

»Der Mensch denkt nicht und Gott lenkt nicht«, sagte der Vetter frivol und sicher und entführte sie in die Kajüte. Ich blieb zurück in Sturm und Regen. Ich hatte einen Pelerinenmantel, in den ich mich tragisch hüllen konnte. Mochte sie lachen mit ihm und im Warmen und Trocknen hocken. Gut, dass ich ihr nichts vom Zungenreden erzählt hatte. Sie konnte sich meinethalben lieber von dem Vetter etwas über Volapük, die praktische Weltsprache, erzählen lassen …

Als ich spät zu Hause auf mein Zimmer ging, kam ich an Tonis Kammer vorbei. Die Tür stand halb offen, das Mädchen saß weinend bei der Kerze. Hatte er am Ende keinen Urlaub bekommen, oder war er schlecht zu ihr gewesen? Sie war vielleicht gerade so verlassen und enttäuscht wie ich. Teilnahmsvoll und etwas lüstern flüsterte ich: »Warum weinen Sie, liebe Toni?«

»Na, sehn Sie doch bloß meinen neuen Hut an.« – Jetzt bemerkte ich erst, dass eine zerknautschte Vogelscheuchenhaube vor ihr auf dem Tisch lag. – »Und die Schuhe.« Sie zeigte auf zwei schlammige Gebilde in der Ecke. »So'n Kommissaffe darf natürlich keinen Schirm mitnehmen. Das soll ein Kavalier sein?«

Sie ist dann auch nicht mehr lange mit ihm »gegangen«, wie die Berliner Dienstmädchen es nennen. Mein Vetter hingegen hat bald danach die Martha geheiratet und ganz zu einer handfesten Weltanschauung bekehrt. O heiliger Geist.

Franz Hessel

*P*fingstfahrt in der Waschbalje

Zu jener Zeit, von der wir erzählen, lebten auf dem Ausbauhof von Karl Päplow außer dem Bauern acht Frauen; seine Mutter, seine Frau und sechs Töchter in allen Altersstufen, aber keine unter Dreißig. Außerdem gab es da noch einen kleinen Jungen, den Malte. Zu welcher von den sechs Töchtern der aber gehörte, das war schwer auszumachen; alle waren alle Stunden wie die Putthennen um ihn, bis der Bauer es nicht mehr sehen konnte, sondern mit Gebrüll dazwischenfuhr.

Das tat er gerne, das tat ihm gut, wenn seine acht Frauen in Zittern und Zagen davonstoben, denn Karl Päplow war nicht nur ein Brüller, sondern auch ein roher und gemeiner Kerl.

Dies zeigte sich so recht, als er gestorben war: die Frauen konnten zuerst gar nicht an ihr tyrannenfreies Dasein glauben und wurden dann, als er wirklich begraben war, ganz verdreht. Das erste, was sie ihrer neuen Freiheit zugute taten, war, daß sie alles, was der Bauer auf dem Leib getragen hatte, verbrannten, und um den Scheiterhaufen tanzten und schimpften die acht. Der kleine Malte, drei Jahre alt, stand in einem Winkel und sah aus seinen großen blauen Augen dem abenteuerlichen Beginnen stumm zu.

Dort fand ihn der Gemeindevorsteher, als sie mit der Spritze angerückt kamen – und hohe Zeit wurde das, denn das Reetdach auf der Scheune glimmte schon. Er sah, daß es so nicht ging mit der Frauenwirtschaft, und besann sich auf einen verschollenen alten Vetter aus der Greifswalder Gegend, der im Rufe großer Weisheit stand. Den verschrieb er dem Ausbauhof als Knecht, Viehfütterer, Verwalter, Ersatzvater und vor allem als Mann: »Denn ein Mann muß her in diese Kakelei!«

Eines schönen Tages kam dann auch der Vetter aus ›Grips‹, wie man dort für Greifswald sagt, auf dem Hof an, mit einer rot gestrichenen Lade und einer perlengestickten Handtasche. Der neue Herr über die acht Frauen war ein schwerer Mann mit starken Knochen und einem großen Bauch. Sein Gesicht war sehr rot, vor allem die knollige Nase, und alltags wie sonntags ging er in einem schwarzen Tuchanzug, der meist sehr dreckig war.

Als erster von allen erfaßte der kleine Malte die Situation: er steckte sein kleines, weiches Kinderhänding in die große harte Pranke des alten Mannes, nannte ihn »Onkel Walli« und zog ihn zu den jungen Hunden.

Aber gleich der nächste, der den Kram erfaßte, war doch Onkel Walli. Als er am Schluß seiner ersten Woche die acht

Frauen zum Mittagessen rief und das übliche Gewusel an-
fing, das Hin- und Hergelaufe, das Schnell-noch-was-Besor-
gen, da rief er noch einmal klar und deutlich: »Middag-eten,
segg ick, ji Mallen!«, wozu bemerkt werden muß, daß ›ji Mallen‹ in jener Gegend der ungeschminkte Ausdruck für ›ihr
Verrückten‹ ist.

Natürlich gab es Geschimpf und Gekeif, aber dazu sagte
Onkel Walli nur tiefsinnig: »Mall seid ihr und parieren müßt
ihr darum!« Sprach es sachlich feststellend, wie etwa ein
Arzt einem Kranken sagt, daß er die Grippe hat und daß des-
wegen dies und jenes geschehen muß.

Und Onkel Walli drang durch. Unerschütterlich bestand er
auf Parieren, und kaum waren zwei Wochen vorbei, saß er
fester im Sattel als je der Brüller Karl Päplow gesessen
hatte. Allerdings kam zu seiner erdhaften Beharrlichkeit,
daß er nicht nur ein tüchtiger Landwirt war – das konnten
die Frauen gar nicht so recht würdigen –, sondern daß ihn
die Unheimlichkeit des großen ›Besprechers‹ umwitterte.
Was krank wurde, das heilte er, sein Ruf verbreitete sich in
der Gegend wie die Wasserpest in einem Teich. Die Kühe
besprach er, hatten die Schweine Rotlauf, so machte er
ihnen einen Schlitz ins Ohr und steckte Kräuter da durch:
»Das zieht die Seuche aus dem Leib!« Die uralte Oma setzte er vor sich in einen Stuhl und sah sie viel an mit seinen
kugligen, traurigen, runden Seehundaugen. Eine Viertelstunde lang, ohne eine Wort.

»Oh, wat ward mir dat wunnerlich, wenn Onkel Walli mi so
dörch und dörch kiekt!«, sagte Oma bezwungen. Aber ihr
Husten war weg, für diesen Tag wenigstens.

Ja, wenn Onkel Walli auch die Verzweiflung von Arzt und
Tierarzt wurde, seine acht Frauen fürchteten ihn und
gehorchten ihm, sein kleiner Malte aber liebte ihn. Seht, da

waren nun alle diese Tiere auf dem Hof; wenn der kleine Malte mit seinem Onkel Walli auf die Koppel kam, so drängten sich die Kälber um den alten Mann. Sie konnten sich gar nicht genug damit tun, seine schwarzen Tuchrockschlippen durchzukauen und über die fettglänzenden Ärmel zu lecken. Hatte eine Katze gejungt, ohne Fauchen und Kratzen ließ ihn die Alte an das Nest, und er zeigte dem Malte die blinden Miauzer, Tag für Tag, bis sie am neunten die Augen offen hatte. Und dabei erzählte er Geschichten von der Zauberkraft der Katzen, und daß eine dreifarbige Katze den Hof vor Feuer schützt.

Der kleine Malte hörte ernsthaft zu, und dann gingen sie mit den Pferden hinaus auf den Kartoffelacker, und Onkel Walli behäufelte die Stauden, und Malte saß auf einem Rain und schlief oder sah zu oder lief durch das Holz oder horchte auch nur auf die Brandung der See.

Haben wir schon gesagt, daß der Hof an der See lag? Ja, er lag am Meer, an einem großen, weiten Bodden. Drüben, das jenseitige Ufer, sah man ganz ferne, grün von Wald und gelb von Sand und ab und zu ein Häuschen, nicht so groß wie ein Daumennagel. Zwischen diesem und jenem Ufer aber lag das Wasser, blau und grün oder grau, oder mit schäumenden, ununterbrochen redenden Wellen. Das gehörte zum Hof, das Meer, zum brüllenden Bauern Karl, zu den verwirrten Frauen, auch zu dem kleinen, stillen Malte, und nicht zum wenigsten zu Onkel Walli.

Erst mußte die Frühjahrsbestellung getan sein, aber dann, als alles wuchs, nahm Onkel Walli den Malte bei der Hand und stieg mit ihm den Uferweg von der Steilküste hinunter. Nun hatte der Hof zwar kein Boot, aber er hatte doch eine Waschbalje, eine kräftige, starke Balje, von einem tüchtigen Böttcher gebaut, mit flachem Rand, der das Rubbelbrett gut auflegen ließ. Und diese Balje hatte nun Onkel Walli sich an den Strand gewälzt, und Malte durfte nun zusehen, wie Onkel Walli vorsichtig einstieg. Langsam, langsam stakte sich Onkel Walli mit zwei Stöcken auf das Wasser hinaus, atemlos sah Malte zu. Ja, sie trug, die Balje, Onkel Walli schwamm, und nun bettelte Malte, dass er auch mitdürfte. Aber so weit ging nun Onkel Walllis Zutrauen zu seinen Mee-reskünsten doch nicht, Malte durfte nur zusehen. Wenn einer ins Wasser fallen sollte, so durfte das nur Onkel Walli sein.

Aber er fiel nicht hinein, heute war der Bodden spiegel-blank, und als er hundertfünfzig Meter draußen war, steckte er die Stangen in den Grund, machte die Balje dazwischen fest und fing an zu angeln.

Für Malte war dies kein schöner Nachmittag. Da saß sein Onkel Walli draußen auf dem blauen Wasser, und von Zeit zu Zeit zog er etwas weiß Blitzendes aus der Flut – Malte rief und lockte den Onkel, aber der wollte nicht hören. Mit Brüllen versuchte es Malte schließlich auch – umsonst, am Ende schlief er ein. Und nun war Onkel Walli wieder da, die Waschbalje lag am Ufer zwischen den beiden Stangen.

»Morgen gehen wir wieder, mein Malte«, sagte der Onkel Walli. »Morgen ist Pfingsten.«

Aber Malte antwortete nicht, Malte war böse, und selbst der Eimer mit Fischen konnte ihn nicht versöhnen.

Nun ja, schließlich wurde es Nacht. Über allem Kummer, großem wie kleinem, wird es einmal Nacht. Malte ist zu Bett gebracht, Malte schläft. Denken die Großen. Aber kaum zwei Stunden später kamen jammernd die Frauen zu Onkel Walli: Wo er den Malte hätte?

Onkel Walli hatte keinen Malte; besaßen die Frauen nun schon so wenig Verstand, daß sie nicht wußten, in welches Bett sie ihn gelegt hatten?

Sie hatten Verstand genug – aber wo war Malte? Sie durchsuchten das Haus, sie durchsuchten die Ställe, es war viel Gezeter und Klagen. Vielleicht wurde das Onkel Walli zuviel, er seufzte plötzlich tief auf und ging in die Nacht, stracks hinunter von der Hofstatt. Die hatten gut hinterherschreien. Aber nach fünf Minuten war er schon wieder da und sagte, sie sollten sich nur ruhig hinsetzen, er wüsste jetzt, wo Malte sei, und in einer halben Stunde brächte er ihn. Lief von allen Fragen fort – oh, wie hastig lief er durch die Nacht zum nächsten Hof, weckte den Bauern, bat um das Boot. Ja, so war es, die Waschbalje war fort, Malte war fort, nur die Stangen hatten noch am Ufer gesteckt.

Sie machten das Boot los und ruderten mit einer Laterne hinaus. Gottlob, es war kein Wind aufgekommen, es war spiegelglatt, aber es lag Dunst auf dem Wasser, es war diesig. sie fuhren hin und her, dann riefen sie und lauschten: nichts. Das taten sie die ganze Nacht, und dazwischen lief Onkel Walli immer einmal zu den Frauen hinauf und tröstete sie. Nun käme er gleich mit dem Malte, gleich, gleich brächte er ihn.

Oh, der arme, dicke Onkel Walli, der große Hexer und Zauberer! Da stand er dann wieder vor dem Wasser, er stand und starrte. Wie eine schwarze Wolke ging es über seine Seele – wie kann man sein Herz so an eine kleine Hand gewöhnen, die in eine große, alte, verbrauchte sie legt?! Welche Nacht, Onkel Walli – wie viel Versprechungen wie viel Gelöbnisse!

Und nun, da wir beinahe am Ende unserer kleinen Geschichte sind, sind wir ganz zweifelhaft, ob wir sie nicht vom andern Ufer her hätten erzählen müssen. Am andern Ufer ging am Pfingstsonntagmorgen ein Fischerehepaar zur Kirche, den Strand entlang. Die hörten eine Stimme singen und hoben die Augen und sahen auf dem blanken, sonne-blitzenden Wasser eine Balje schaukeln, und in der Balje saß ein Kind, ein kleiner, blauäugiger Junge, der sang so vor sich hin, wie ganz kleine Kinder tun, wenn sie sehr glücklich sind, selbstvergessen, es ist mehr ein Zwischern.

Die jungen Fischerleute glaubten an ein wahrhaftiges Pfingstwunder – und das war es ja auch, wenn auch anders, als sie meinten – und starrten nur. Aber nun hatte das Kind sie gesehen und hörte auf mit Singen und rief, und es rief, daß es Durst hätte. Der junge Fischer lief eilig, eilig in seinem Sonntagsstaat in das Wasser, und seiner Frau verging in der letzten Minute noch das Herz vor Angst, daß die Balje umschlagen könnte.

Aber dann war ihr kleiner Moses am Land, und plötzlich waren die beiden Eheleute sehr glücklich und weinten und lachten. Nur Malte wußte von nichts, als daß die Nacht sehr lang gewesen war und daß er geschlafen hatte und war wieder aufgewacht und immer noch Nacht und wieder geschlafen … »Und so viel Durst!«

Dann kamen am Nachmittag mit den Kutschbraunen Onkel Walli und die uralte Oma und die andere Oma und Tante Hete und Mammi und Tante Tini. Mehr konnten die Braunen im Kutschwagen nicht ziehen. Es war eine große Zärtlich-keit, nur Malte blieb ungerührt.

»Nimmst du mich jetzt mit zum Fischen, Onkel Walli?«, frag-te er. »Ich kann gut in der Balje fahren!«

Hans Fallada

Pfingst-Spruch

Zwischen Tulpenflammen und Narzissen
Springen unter schweren Fliederbüschen
Kleine Mädchen losen Haars im Garten.
Lerne, Herz! Die kleinen Mädchen wissen
Mehr vom Glück als du; mit ihrem Springen
Loben sie den heiligen Geist der Pfingsten
Zwischen Tulpenflammen und Narzissen.
Denn der heilige Geist ist ausgegossen
In den glutenbunten Tulpenflammen,
Und er heißt: Seid fröhlich, Menschenkinder!

Otto Julius Bierbaum

$\mathcal{P}$fingsten, das liebliche Fest …

Pfingsten, das liebliche Fest, war gekommen; es grünten und blühten
Feld und Wald; auf Hügeln und Höhn, in Büschen und Hecken
Übten ein fröhliches Lied die neuermunterten Vögel
Jede Wiese sprosste von Blumen in duftenden Gründen,
Festlich heiter glänzte der Himmel und farbig die Erde.

Johann Wolfgang von Goethe

Der Telegrafenbeamte

Der Telegrafenbeamte sitzt am Tisch und versucht, ein Kreuzworträtsel zu lösen. Links steht ein Telefon.

Also, vier senkrecht – Grautier – das hat vier Buchstaben und fängt mit einem E an, dann fehlt einer und dann geht's mit EL weiter. Ein Grautier mit EEL – EGEL – EGEL – EGEL? IGEL? IGEL? – ah das ist eher ein I, ja, aber dann stimmt es ja aber waagrecht nicht mehr.

Die Hühner tun es – LEGEN – ja, dann gibt es aber senkrecht genau gleichwohl wieder EGEL – das ist doch kein Tier das – EGEL – das ist jetzt ein dummes Kreuzworträtsel das. Ja und dann sechs waagrecht hieße es ja dann OG, OG…OGTERN – OG… OG… OGTERN – was ist denn das wieder? OGTERN »kirchlicher Feiertag – hab ich noch nie gehört das. Gibt es ächt noch einen andern Feiertag mit einem G drin? WEIH–NACH–TEN – nein, das hat keinen G – … PFINGSTEN, PFINGSTEN, PFINGSTEN – PFING–NG–NG …das könnte einen G haben – ja, dann wäre aber das O wieder falsch – woher kommt denn dieses O her?

»Kirchliches Instrument« – Orgel – ja, aber wenn es jetzt PFINGSTEN heißen würde, dann hieße es ja dann statt ORGEL »PRGL« – und beim kirchlichen Feiertag PG… PG… PGTERN –

trr – trr –

Ja, ja,ja PRGL – PGTERN –

trrr … trr…

Ja Telegrafenamt. Wie? Nein, wir haben hier nur eine Überlastung gehabt. PRGL – PG PG PGTERN – wie, was meinen

Sie was? Nein, ich habe hier nur noch rasch ein indisches Telegramm durchgegeben.

Also, immer zuerst gerade den Namen angeben – wie ist der Name? Keller – mit CK? Ah, normal, ah das sagt man gleich am Anfang oder? – Ja und nachher, was kommt nachher? »Bitte Ziegel an Bianco zum doppelten Tarif«. Ist in Ordnung, wir wollen das sofort notieren he: bitte Ziegel an Bianco – au – jetzt ist mir noch der Spitz abgebrochen, ja das ist jetzt noch's Beste das. Hab' doch noch irgendwo ein zweites Bleistift gehabt.

Ja, hören Sie, überlegen Sie sich das Ganze noch einmal, he, wie? Ah, das ist definitiv – eh ja, das kann ich ja nicht wissen. Also, wohin gehen die Ziegel? »An Tegula AG in Lissabonn« – ist in Ordnung – Wir machen, daß das alles nach oben kommt. Ja, auf Wiederhören …

Ausgerechnet Lissabonn, Lissabonn, wo ist jetzt auch noch dieses Lissabonn? Es muß irgendwie ein Vorort sein von Bonn. – So jetzt muß ich hier ein Messerli holen, damit ich das Bleistift –

trrr … trrr … wo ist jetzt das Messerli – ich habe doch da ein Messerli gehabt, ich hab doch da immer ein Messerli gehabt.

Trrr … Ja, ja. – Telegrafenamt – Herr, Herr Messerli? – Ja, Sie hab' ich soeben gesucht, Sie. Ja – was ist, was?

Was? Ein Telegramm? Also geben Sie's an.

»Herr Zrotz, Berghaus Pragel« – PRGL? – Nein, ich wollte nur rasch sehen, ob etwas am Pragelpaß eine Lawine hinuntergekommen ist.

Ja, und nachher, was kommt nachher? »Fünfzig Jahre stark und froh, Herbert mach nur weiter so!«

Ist in Ordnung, das werden wir alles so durchgeben. Auf Wiederhören Herr Messerli.

So, jetzt müssen wirs aufschreiben, sonst nachher – trrr – trrr – Ja, kommt schon wieder eins – zuerst muß ich das doch aufschreiben – sonst nachher –

Trrr ... trrr ... so, ja wahrscheinlich, ausgerechnet noch ein ... Ja, Telegrafenamt. – Herr Iseli? Was ist? Ein Telegramm? Wohin? Nach New York – bei diesem Wetter?

Nein, ich mache nicht Spaß, aber ich kann's nicht selber bringen, he – also, geben Sie's an.

»Herrn Hanspeter Iseli, Quarkey-Street, New York« In Ordnung, ja, was? Buchstabieren?

Q wie Quark – A wie Angst – R wie Rückversicherungsgesellschaft – K wie Kakao – E wie Emil und am Schluss ein Ypsilon wie ein – Ypsilon.

Und nachher, was kommt nachher? »Überraschung für Mami, bitte an Ostern heimkommen.« Ist in Ordnung, wir werden das gerne so dem Hanspeter berichten, ha.

Eh, Moment, rasch, sind sie sicher, dass er an Ostern heimkommen soll, nicht etwa an Ogtern? Ja, ja, der kommt sowieso nach Hause, he. Ja, auf Wiederhören, Herr – eh Herr ... Heißen Sie eigentlich Iseli oder ISEL? Ah, Iseli – sonst hätte ich noch fragen müssen, ob er ein Grautier sei. Trrr ... trrr ... ja wahrscheinlich, mehr kann ich nicht im Kopf behalten.

Ja, ja, Telegrafenamt. Herr Meier. Ja, hab' ich auch schon gehört. Ja, was ist was? Ein Telegramm? – Warum? Wie? Aha, aha Ihr Freund ist gestorben. Ah, sehr gut, sehr gut ... »Rudolf soeben gestorben, bitte heimkommen, Dein Schwager«. Ist in Ordnung. Muß das ein Glückwunschtelegramm sein – so mit diesen Blümchen oben durch? Ah normal.

Ja, der kann es auch so lesen. Ja, ja das werden wir so durchgeben. Auf Wiederhören.

So jetzt, so jetzt, trrr ... trrr ... das ist jetzt aber das letzte, das ich noch annehme.

Ja, Telegrafenamt – Herr Dürrenmatt – kenn ich nicht – ja halt! Bist du etwa der von der letzten Reserveübung? Den wir in den Säulitrog geschmissen haben, he? hehehe –

Ja, ich notiere alles, ja. Wohin? »Schauspielhaus Zürich«. In Ordnung, ja und dann? »Ist die Meisel nächste Saison frei? Habe neues Stück auf Lager. Gruß Dürrenmatt.«

Ist in Ordnung, jawohl, muß das auch ein Glückwunsch-telegramm sein? Nein, sonst hätte wir dann aus diesem Text einen Vers daraus gemacht.

Nein, nein, das hätten wir schon übernommen. Ja, es können ja schließlich nicht alle Leute dichten.

Ja, ah, Sie wollen es lieber in Prosa? – Ausgezeichnet, dann werden wir für Sie alles so durch-eh-brosamen, he.

So, jetzt muß ich einmal alles notieren, sonst gibt es eine Katastrophe – au! – da wäre ja ein zweiter Bleistift gewesen. Natürlich am dümmsten Ort. So, was haben wir jetzt alles gehabt?

 – Ja, ich glaube, ich beginne am besten von hinten. »Fünf-zig Jahre stark und froh, Dürrenmatt mach weiter so.«

»Ist die Meisel noch am Lager, sende Ziegel – Gruß Dein Schwager«.

»An Regula in Lissabonn, bitte an Ostern zum doppelten Tarif.«

Ja, es war noch etwas mit dem ... Aha ja, »Überraschung für Mami, bin soeben gestorben.«

Ah, es war noch etwas, dort, das mit dem, das mit dem Quarkey, Quarkey – mmm ... ich Esel – ESEL? – vier senk-recht!

Emil Steinberger

272

Inhaltsverzeichnis

Quellenverzeichnis

Heinz Erhardt, Humanistisches Frühlingslied, Ei vor Ostern, Gänseblümchen. Aus: Das große Heinz Erhard Buch © Lappan Verlag, Oldenburg

Hans Fallada, Pfingstfahrt in der Waschbalje. Aus ders., Gesammelte Erzählungen. © Aufbau Verlag GmbH & Co. KG, Berlin 1994

Giovannino Guareschi, Der April hat einunddreissig Tage. Aus ders., Don Camillo und Peppone © Otto Müller Verlag, 46. Auflage, Salzburg 1988

Hermann Hesse, Aprilbrief. Aus ders., Sämtliche Werke. Herausgegeben von Volker Michels. Band 12: Autobiografische Schriften II. Selbstzeugnisse. Erinnerungen. Gedankenblätter und Rundbriefe © Suhrkamp Verlag, Frankfurt am Main 2003

Hanns Dieter Hüsch, Ostern. Aus ders., Frieda auf Erden, Seite 67ff, 2006/2 © tvd-Verlag Düsseldorf, 2005

Erich Kästner, Die Entlarvung des Osterhasen. Aus ders., Interview mit dem Weihnachtsmann © Thomas Kästner

Erich Kästner, Besagter Lenz ist da / Zur Fotografie eines Konfirmanden. Aus ders., Doktor Erich Kästners lyrische Hausapotheke © Atrium Verlag, Zürich 1955 und Thomas Kästner

Erich Kästner, Der April. Aus ders., Die 13 Monate © Atrium Verlag, Zürich 1955 und Thomas Kästner

Illustrationen: Ursula Harper

Bibliografische Information der Deutschen Bibliothek
Die Deutsche Bibliothek verzeichnet diese Publikation
in der Deutschen Nationalbibliografie;
detaillierte bibliografische Daten sind im Internet
über http://dnb.ddb.de abrufbar.

Besuchen Sie uns im Internet unter:
www.st-benno.de

ISBN 978-3-7462-2581-4

St. Benno-Verlag GmbH
04159 Leipzig, Stammerstr. 11
Zusammengestellt von Volker Bauch
Umschlaggestaltung: Ulrike Vetter, Leipzig, unter
Verwendung einer Illustration von Ursula Harper
Gesamtherstellung: Kontext, Lemsel (A)